도요타

존경받는 국민기업이 되는 길

차례
Contents

03프롤로그 09창업자들의 도전 유전자 29한국전쟁으로 위기를 넘기는 도요타 42성공, 실패 그리고 성공으로 이어지는 자주개발 61도요타생산방식과 노사협력의 원류 75에이지 시대가 열리다 83에필로그

프롤로그

도요타자동차주식회사(TOYOTA MOTOR CORPORATION, 이하 도요타).[1] 이 기업이 범상(凡常)치 않는 기업이라는 것은 누구나 잘 알고 있다. 일본 최고 자동차 회사이며 세계 최고 자동차 회사 중 하나이기 때문이다. 세계 최고 자동차 회사인 미국의 'GM'사가 경영위기를 맞고 있어 아마 2008년 통계가 발표되면 도요타가 세계 1위의 자동차 회사가 될 것이다. 그런데 도요타가 범상치 않은 기업이라는 것은 단지 겉모습 때문만이 아니다.

도요타를 연구하는 연구자 수는 아마 수백 명에 이를 것이다. 그리고 이들의 가장 큰 관심은 도요타의 생산 시스템일 것이다. 필요한 때에, 필요한 부품을, 필요한 양만큼 조달한다는 의미에서 JIT(Just in Time), 군살을 최대한으로 세서하는 생산방식이란 의미에서 린(Lean) 생산방식, 필요한 부품을 간판에다 기재하여 부품을 적기에 공급한다는 의미에서 간판(看板)방식 등으로 불리는 '도요타생산방식', 즉 TPS(Toyota Product System)는 20세기 초반의 '포드 생산 시스템'을 능가하는 생산 시스템으로 현재까지는 가장 진화된 자동차 생산 시스템으로 평가받고 있기 때문이다. 따라서 이들 연구자들에게 도요타가 무슨 이유로, 어떻게 TPS를 구축했는지 또 이를 응용할 수 있는 방도가 없는지를 알아내는 것이 초미의 관심사이다.

또 일본 제조업의 경쟁력을 알아내기 위해서도 도요타를 분석하는 것이 필요하다. 자동차는 수만 개의 부품들로 조립되는 제품이기 때문에 제조업의 정수(精髓)라고 할 수 있다. 따라서 일본 제조업의 근간에는 자동차라는 제품이 있고, 이 자동차를 가장 경쟁력 있게 만드는 나라가 바로 제조업 대국 일본이기 때문이다. 과거에는 미국이 그러했다. 그러나 최근 미국의 빅3(GM·포드·크라이슬러)가 몰락의 길로 들어서, 이제 미국을 제조업 대국이라 하기가 어려워졌다. 지금 독일과 일본을 제조업 대국이라 부르는 것도 자동차 산업의 번성 때문일 것이다. 최근 들어 한국이 제조업 강국으로 부상하고 있는 것도 자동차 제조 능력과 결코 무관하지 않다.

이러한 사실들은 연구 성과도 풍부하고 이미 잘 알려져 있다. TPS에 대해 알고 싶으면 도서관이나 인터넷 등을 통해 찾아보자. 일어는 물론 영어, 한국어 자료가 수없이 많다. 또 최근에는 도요타가 생산한 하이브리드 자동차가 전 세계의 주목을 받으면서 앞으로도 도요타에 대한 연구가 이어질 것이다. 그런데 정작 도요타는 마쓰시타전기(松下電器), 즉 파나소닉[2]의 창업자 마쓰시타 고노스케(松下幸之助)나 혼다기연(本田技研)의 창업자 혼다 소이치로(本田宗一郎)처럼 창업자가 누구인지 그다지 잘 알려져 있지 않다. 또 도요타가 아직까지도 가족기업인지 아닌지도 불분명하다. 도요타의 표면적인 주식소유 상황으로는 잘 알 수 없지만, 도요다 일족의 주식 소유 비율은 2~3퍼센트에 불과한 것으로 알려져 있다. 그런데 최근에는 도요다 일족인 도요다 아키오(豊田章男, 이하 아키오) 부사장이 차기 사장으로 취임할 예정이라는 소문이 들리고 있다. 이처럼 도요타는 그 명성에 비해 창업기에 대해 그다지 많이 알려져 있지 않다. 그래서 도요타의 창업기에 대해 좀 더 상세히 살펴보고자 하는 것이 이 책의 첫 번째 목적이다.

한편 필자는 도요타를 좀 다른 관점에서 바라보고자 한다. 즉, 오늘날의 도요타가 존재하는 이유를 일본인이나 서양인의 시각이 아니라 한국인의 시각에서 바라볼 것이다. 한국의 많은 사람들은 도요타를 바라보면서 무슨 생각을 할까? 아마 다음과 같은 생각을 할 것으로 짐작된다.

첫째는 '어떻게 해서 도요타가 일본인들로부터 존경을 받는 기업이 됐을까'라는 생각이다. 이는 한국의 대기업들이 국민들로부터 그다지 존경받지 못하는 데서 오는 문제제기이기도 하다. 도요타는 특별히 사회공헌에 능숙한 기업이 아니다.

5

그런데도 일본인들은 도요타에 대해 상당한 자부심을 느낀다. 왜 이럴까, 하는 것이 한국인의 관점에서 도요타를 바라보는 첫 번째 생각이다. 이는 창업기의 도요타를 파헤쳐 보면 비로소 알 수 있을 것이다.

둘째는 도요타는 과연 오너기업인가 하는 생각이다. 도요타의 역대 경영자 가운데에는 도요다 기이치로(豊田喜一郎, 1894 ~1952, 이하 기이치로), 도요다 에이지(豊田英二, 이하 에이지)와 같은 도요다가(家)의 사람도 있었지만, 전문경영인들도 있었다. 최근에는 3대 연속 전문경영인이 사장 자리를 이어오고 있다. 그런데 이번에는 도요다가의 일족인 아키오가 사장으로 등극할 것이라고 한다. 이처럼 창업가의 사람들과 전문경영인이 교차하여 사장 자리에 오를 수 있는 배경은 무엇인가가 궁금하지 않을 수 없다. 도요타는 한국의 대기업들이 아직 경험하지 못한 특이한 기업 지배구조를 만들어 나가고 있다. 따라서 어떻게 이런 기업 지배구조를 만들어 낼 수 있었던가에 대해 밝힐 것이다.

셋째는 어떻게 도요타가 노사화합의 대표기업으로 손꼽히고 있는가에 대한 것이다. 도요타에도 노사대립의 시대가 없었던 것은 아니다. 아주 격렬한 대립으로 인해 창업자인 기이치로가 사장 자리에서 물러난 적도 있다. 그런 도요타가 어떻게 해서 노사화합의 경영을 실현할 수 있었는가. 여기서 한국 자동차 기업들의 격렬한 노사대립을 화합으로 이끌기 위한 시사점을 찾아보고자 한다.

넷째는 한국 기업도 도요타를 따라가는 또는 능가하는 생산 시스템을 만들 수 없을까 하는 생각이다. 단적으로 전자 산업에서는 삼성이나 엘지가 일본의 소니나 도시바를 따라잡은 적도 있다. 특정 제품에 따라서 세계시장 점유율이 높다거나, 회사의 시가총액 또는 브랜드 가치가 소니나 도시바보다 높다는 것이 따라잡았다는 의미로 볼 수 있다. 또 철강에서도 포스코와 신닛테츠와의 격차가 그다지 커 보이지는 않는다. 그러나 현대자동차는 도요타의 그 어느 것도 따라잡은 적이 없다. 두 기업은 아직도 확연한 차이를 보이고 있는데 그 이유는 과연 무엇일까. 이러한 질문은 '왜 다른 기업들이 도요타를 진정으로 벤치마킹하지 못할까'라는 물음으로 연결된다. 사실 한국에서도 도요타생산방식에 대한 관심이 상당히 높고, 연구 또한 적지 않다. 그럼에도 불구하고 유독 도요타만은 벤치마킹하는 것이 쉽지 않는 듯하다. 이는 비단 한국뿐 아니라 일본이나 구미에서도 마찬가지다. 그 배경에는 도요타만의 독특한 기업문화가 깔려 있고 이를 흉내 내기가 결코 쉽지 않기 때문이다. 따라서 무엇이 도요타 기업문화의 정수인지를 찾아보고자 한다.

이러한 관점과 문제의식을 가지고 도요타를 살펴보는 것이 이 책의 목표이다. 그런데 이러한 의문들은 도요타의 초창기 발전 과정을 살펴보면 대부분 해소된다. 즉, 도요타가 창업하는 과정, 경영위기 때문에 사장이 물러나는 과정, 노사대립에서 노사화합을 이끌어 내는 과정, 일본 국산차를 도요타가 자

주 개빌하는 과정, 미국 진출에 실패하는 과정, 또 세계 최고
의 베스트셀러 자동차를 개발하는 과정 등을 살펴봄으로써 위
의 의문들을 풀 수 있다. 오늘날 도요타의 핵심적인 기업문화
는 제5대 사장인 에이지까지의 성장 과정을 통해 충분히 짐작
할 수 있다. 따라서 이 책에서는 도요타의 창업자인 기이치로
와 제5대 사장인 에이지(기이치로의 사촌 동생)에 초점을 맞추어
네 가지 문제를 조명해 보고자 한다.

　이 책에 나오는 도요타에 관한 역사적 사실의 상당 부분을
사토 마사아키(佐藤正明)가 2008년 3월부터 11월까지 「닛케이
비즈니스」에 연재한 'The TOYOTA Strategy'에서 인용했음
을 밝힌다. 한국에서는 자료의 한계가 있을 뿐더러 실제로 도
요타를 일관성 있게 다룬 자료도 많지 않기 때문에 상당 부분
이에 의존하지 않을 수 없었음을 밝힌다. 이 자리를 빌려 감사
의 마음을 전한다. 그러나 서두에서도 말했듯 한국인의 관점
에서 도요타를 바라보고자 하는 시각은 시종 유지했음을 분명
히 밝힌다.

창업자들의 도전 유전자

　일본에는 유명한 경영자들이 많다. 일본에서 '경영의 3신'이라고 하면 파나소닉 창업자 '마쓰시타 고노스케', 혼다자동차 창업자 '혼다 소이치로', 교세라 창업자 '이나모리 가즈오'를 꼽기도 한다. 그런데 일본 최고 나아가서는 세계 최고의 자동차 회사라는 도요타의 창업자나 대표적인 경영자의 이름이 나오지 않는 이유는 왜일까? 도요타의 명성은 창업 초기 한두 사람의 경영자에 의해서가 아니라 역대 도요타 경영자들의 끊임없는 노력으로 이루어 냈기 때문이다. 이 점은 우리에게 시사하는 바가 크다. 한국 대기업들은 산업 발흥기에 이루어 낸 창업자의 업적을 토대로 계속 발전하는 경우가 대부분이다. 그러나 도요타의 경우 창업 초기에 사장이 몇 번이나 바뀔 때까지도 사업이 반석 위에 오르지 못했다.

군이 말하면 제5대 사장인 도요타 에이지가 사정이 된 뒤에야 비로소 사업의 초석이 마련됐던 것으로 보인다. 창업자인 기이치로는 초대 사장이 되지 못했고, 매형인 도요다 리사부로(豊田利三郞, 이하 리사부로)에게 넘겼다. 기이치로는 제2대 사장으로 취임을 했지만 노사분규로 곧 퇴임했다. 전문경영인인 이시다 타이죠(石田退三, 이하 이시다)가 제3대 사장으로, 그리고 또 전문경영인인 나카가와 후키오(中川不器男, 이하 나카가와)가 제4대 사장을 역임한 후에야 드디어 에이지가 제5대 사장을 역임하며 사업을 반석 위에 올렸다. 결국 도요타는 제5대 사장인 에이지에 이르러서야 비로소 도요다가(家)의 기업으로서 정립된다.

그동안에도 도요타는 도요다가의 기업이라는 구심력이 손상되지 않고 이어졌다. 오너경영인과 전문경영인 모두가 도요타의 도전 유전자 바통을 열심히 이어가는 모습을 볼 수 있다. 도대체 어떻게 이것이 가능한 것인가? 이는 당연히 창업기부터 독특하게 형성된 도요타의 기업문화에서 찾을 수 있다. 그리고 창업자 기이치로의 자동차에 대한 뜨거운 열정이 식지 않고 그대로 이전된 결과가 아닐까 싶다.

도요다 사키치와 도요타 강령

도요타는 창업자인 기이치로의 부친인 도요다 사키치(豊田

佐吉, 1867~1930,. 이하 사키치)가 원조라고 할 수 있다. 가난한 시골 농가에서 태어나 초등학교밖에 졸업하지 못했지만, 사키치는 어릴 때부터 '발명이 국가를 위한 길이라면 아무도 생각해 내지 못하는 발명을 해 보이겠다'라는 야망을 가지고 있었다. 왜냐하면 부모로부터

도요타그룹의 창시자 도요다 사키치.

물려받은 재산도 없는 젊은이가 무에서 유를 만들어 낼 수 있는 방법은 범죄와 도박을 제외하면 발명밖에 없다고 생각했기 때문이다. 사키치가 태어난 하마나코(濱名湖)[3] 주변 농촌지역 사람들은 겨울 농한기 때에는 손으로 목면을 짜는 부업에 매달렸다. 당시에는 직기를 발로 밟아 목면을 짜야 했으므로 생산성이 아주 낮았다. 이를 본 사키치가 "일본인이 가장 많이 소비하는 물자는 옷(면포)이다. 면포 생산의 효율을 높여 싸게 공급할 수 있으면 이는 곧 국가를 위한 길이다. 발로 동력을 전달하는 지금의 직기는 너무 원시적이다. 이를 개량하면 빨리 면포를 짤 수 있을 것이다"라고 생각하고 자동직기를 발명했다. 그는 "농업으로 한 가구를 지탱하기 위해서는 1정보(町步)[4]의 토지가 필요하다. 그러나 1정보의 토지에 공업을 일으키면 한 마을을 먹여 살릴 수가 있다. 국토가 좁은 일본은 공업을 일으켜야 살아갈 수 있다. 이를 위해 나는 자동직기를 발

명하기로 했다"라고 했다. 사키치는 당시 일본의 시대 상황과 나아가야 할 방향을 정확하게 파악하고 있었던 것이다. 그리고 이를 스스로 발명으로 실천해 보였다. 23세 때인 1890년에 처음으로 목제 자동직기를 발명하고, 이후 개량과 개선을 거듭하여 최종적으로는 1924년에 'G형 자동직기'를 발명했다. 1926년에는 G형 자동직기를 제조하기 위해 아직도 존속하는 '도요타자동직기제작소'를 설립했다. 그리고 1929년에는 영국의 '플랫'사에게 특허권을 양도하는 계약을 체결했다. 이러한 것을 보면 사키치의 자동직기가 당시에 어느 정도로 영향력이 큰 발명품인지를 짐작할 수 있다. 아무튼 도요타의 원조는 사키치의 자동직기의 발명부터 시작됐다고 할 수 있다.

사키치는 단순히 자동직기를 발명하고 재정 기반을 다져

도요다 사키치가 발명한 G형 자동직기.

결과적으로 자동차 사업을 하는 터전을 만드는 데 그치지 않았다. 그는 이후 도요타의 기업문화 형성에 지대한 영향을 미쳤다. 지금도 도요타의 홈페이지에는 기본 이념 바로 밑에 '도요타 강령(綱領)'이 별도로 있다. 이 강령에는 '도요타 경영의 핵심이며 기본 이념의 기초'라는 해설이 달려 있다. 이는 사키치 사거(死去) 5주기(週忌)인 1935년에 장남 기이치로를 중심으로 사키치의 기업 이념 혹은 인생철학을 정리했던 내용이다. 이 강령은 도요타가 곤경에 처하거나 새로운 도전에 직면할 때 반드시 되새기는 경영방침과도 같은 것이다. 일본의 초등학교 도덕 교과서에도 실릴 정도로 내용이 실질적이며 박력이 있다.

- 도요타의 모든 사람들은 업무에 성실하게 임하여 국가 나 사회에 공헌하는 실적을 남겨라.
- 연구와 창조의 정신을 잊지 말고 시대의 선두에 서라.
- 사치를 경계하고 질실강건(質實剛健)하여라.
- 주위 사람에 대해 우애의 정신을 가지며 가정적인 팀 워크를 구축하라.
- 신불(神佛)을 소중하게 생각하고 생활 속에서 항상 감 사하는 마음을 가져라.

아직도 도요타의 기업문화에 지대한 영향을 미치고 있는 강령에서 읽을 수 있는 키워드는 첫째, 국가에 기여하는 기업, 둘째, 항상 도전하고 창조하는 기업, 셋째, 낭비가 없는 기업,

넷째, 화(和)를 중시하는 기업, 다섯째, 사회에 감사하는 기업으로 정리할 수 있다. 지금까지의 도요타의 경영사를 보면 강령의 정신이 이어지고 있음을 알 수 있다. 일본 최초로 자체 승용차 엔진을 개발하는 과정을 보면 국가에 대한 기여정신과 새로운 것에 대한 도전·창조정신이 그 원동력이었다. TPS 개발은 낭비를 최대한으로 없애기 위한 생산 시스템을 구축하는 과정에서 얻어진 결과였다. 또 노사화합이나 종신고용을 고집하는 것도, 사회공헌의 가치를 중시하는 것도 강령에 나타나 있는 이념이다. 이러한 강령은 어느 기업에도 있을 법한 내용이지만, 놀라운 것은 도요타가 이 강령의 정신을 시대에 맞게 재해석하고 또 실천하고 있다는 점이다.

도요타 강령 중에서 국가나 사회에 기여해야 한다는 것이 제일 먼저 나오는 것도 특징적이다. 그렇다고 도요타가 다른 기업보다 유별나게 사회공헌을 위해 힘쓰는 기업도 아니다. 그럼에도 불구하고 일본인들이 도요타에 대해 애착을 갖고 자랑스럽게 생각하는 것은 항상 도요타가 국가의 이익과 기업의 이익을 일치시키도록 노력해 왔기 때문이다.

이런 에피소드가 있다. 제1차 석유위기가 발생했던 1970년대 전반, 일본에서는 물가상승, 고도성장의 반동 등으로 대기업에 대한 비판이 비등했다. 당시 도요타가 대기업의 상징으로서 국민들로부터 거센 비난을 받자 당시 사장이었던 에이지가 "도요타는 돈을 벌기 위해 사업을 하는 것이 아니다. 도요타는 일본의 산업 진흥에 어떻게 하면 조금이라도 도움이 될

까를 항상 고민하고 있다. 도요타가 생각하고 있는 사회공헌
이란 국가를 위해 많은 이익을 내고 세금을 납부하는 것이다"
라는 반론으로 비판을 잠재웠다고 한다. 이러한 반론은 어느
기업의 경영자라도 할 수 있었을 것이다. 그러나 도요타의 경
영자가 이런 말을 했기 때문에 일본 국민들은 이 말을 믿었던
것이다. 그만큼 도요타는 일본 국민들로부터 신뢰를 받고 있
다. 또 한국의 모 그룹 회장이 제8대 사장이며 당시 회장이었
던 오쿠다에게 장기 번영의 비결을 묻자, 오쿠다는 "기업의
사회적 사명은 사회공헌을 하는 것이다. 국익과 기업의 목적
을 일치시키면 반드시 그 기업은 발전한다"라고 답했다고 한
다. 오쿠다 회장에게도 국가와 기업에 공헌해야 한다는 도요
타의 강령이 강하게 스며들어 있기 때문에 이러한 대답을 한
것으로 보인다. 이처럼 사키치가 도요타의 기업문화 형성에
미친 영향은 실로 막대한 것이다.

　도요타는 종신고용을 지키는 기업으로도 유명하다. 강령의
네번째에 있는 도요타 특유의 대가족주의 정신이 있기 때문이
다. 사키치는 평소에도 종업원을 가족처럼 여겨 왔다고 한다.
항상 이를 옆에서 보아 온 기이치로는 G형 자동직기의 특허권
을 영국의 플랫사에 양도하고 들어온 일시금 25만 엔 중 10만
엔을 직접 개발에 종사한 관계자에게 나눠 주고, 나머지 15만
엔도 도요타의 전 종업원 6,000명에게 특별 공로금 명목으로
지불했다고 한다. 종업원들에게는 1개월 월급에 가까운 금액
이었다. 당시 도요타자동직기가 창업하여 3년 동안 벌어들인

이익이 25만 엔이었다. 25만 엔은 막 자동차 사업을 시작하려는 기이치로에게는 정말 필요한 자금이었을 수도 있다. 당시 도요타가 특별 공로금을 지급한 사실은 모든 신문에서 취급했고 이 때문에 종업원들의 사기는 극에 달했다. 이로 인해 자동직기의 경영이 호전되어 자동차 사업을 위한 기반도 정비됐다. 이때 기이치로는 "종업원은 회사의 보물이다"라고 말했다. 또 제2차 세계대전 종전 후에는 세계 각지에 흩어져 있던 도요타그룹의 직원이 일본의 공장으로 모여들자 도요타는 이들의 생계를 위해 미꾸라지 양식과 같이 별의별 사업을 다했다고 한다. 기이치로의 장남인 도요다 쇼이치로(豊田章一郎, 이하 쇼이치로)는 대학을 졸업하자마자 어묵공장의 기계화를 위해 북해도 최북단인 와카나이(稚內)까지 파견될 정도였다. 이처럼 도요타에는 초창기부터 종업원을 가족처럼 여기는 기업문화가 있었고 경영자 특히 오너경영자들은 종업원들을 중히 여겼던 것으로 보인다.

1949년의 일본경제는 닷지라인[5]이라고 불리는 초긴축정책의 영향으로 심각한 불황을 맞았다. 자동차업계에서도 닛산이나 이스즈자동차는 일찍부터 대량의 인원정리를 실시했다. 그러나 도요타 강령을 존중한 기이치로는 종업원의 해고를 가능한 한 피했다. 도요타자동직기 등 실적이 좋은 섬유 관련 도요타그룹의 기업으로부터 지원을 받을 수가 있었기 때문이다. 그러나 이것도 한계가 있었다. 기이치로는 1949년 12월에 도요타의 금고가 텅텅 비었다는 것을 알고서도 노동조합과 인원정리를 하지 않겠다는 취지의 각서를 교환했다. 그러나 이것이 화근이 된 도요타는 1950년에 도산으로까지 내몰리며 이듬해에는 종업원을 감원할 수밖에 없었다. 이것이 노동쟁의로 발전했고 결국 기이치로는 자신이 퇴진하며 사태를 수습하기에 이르렀다. 이때 맛 본 경영의 쓴맛을 이후의 도요타의 경영자들은 잊지 않고 계승하고 있다. 결국 도요타의 인원정리는 이때뿐이었다. 도요타는 인원정리를 하지 않는 것을 사시(社是)로 정하고 있다. 종업원들은 이를 알고 있기 때문에 더욱 열심히 생산성 향상에 매달릴 수 있는 것이다.

국산차 개발을 꿈꾼 도요다 기이치로

도요타의 자동차 사업은 '도요타방직'에서부터 비롯됐다. '도요타자동차'의 창업자인 도요다 기이치로는 부친인 사키치로부터 발명가와 창업가의 피를 강하게 이어받았다. 동경제국대학 공학부에서 기계공학을 공부하고 도요타방직에 입사한 기이치로는 노경(老境)임에도 불구하고 발명에 몰두하고 있는 아버지를 도와 G형 자동직기의 제품화에 매진했다. 그러던 중 자동차 사업에 뛰어드려는 마음을 먹었다. 기이치로는 자신이 자동차 사업을 할 수 있을지는 미국 '스미스 모터'사의 4마력 엔진과 같은 제품을 만들 수 있을지 여부에 달려 있다고 생각했다. 자전거에 붙이는 장난감 같은 작은 엔진을 만들 수 있다면 자동차 사업을 할 수 있다고 생각했던 것이다. 그러고는 공

도요타자동차의 창업자 도요다
기이치로.

장 한구석에서 먹고 자면서 모
터 연구에 몰두했다. 우선 엔진
을 분해하여 구조와 부품을 스
케치하고 또 설계도를 그리면서
엔진의 기본 구조 연구에 몰두
했다. 기이치로의 꿈, 도요다가
의 꿈, 나아가서는 일본의 꿈이
잉태된 때였다.

물론 당시에도 자동차가 유망
한 사업임에는 틀림없었다. 하지
만 구미에 비해 기술이 상당히 뒤처져 있는 일본에서 자동차
사업은 엄청난 리스크를 감수해야 하는 사업이었다. 때문에
당시 일본의 대재벌이었던 미쓰이(三井), 미쓰비시(三菱), 스미
토모(住友)조차도 엄두를 내지 못하던 사업이었다. 이러한 리
스크가 큰 미지의 사업을 지방의 작은 재벌에 불과했던 도요
타자동직기가 시작하겠다고 했던 것이다. 참고로 자동차 대국
인 미국에서도 최후로 자동차 사업을 성공시킨 회사는 1925년
에 창업한 클라이슬러 정도이다. 이후에 많은 회사가 자동차
사업에 도전했지만 모두 실패하고 말았다. 그만큼 자동차 사
업은 막대한 자금이 들어가지만 신규 진입이 어려운 사업인
것이다. 그럼에도 불구하고 기이치로가 자동차 사업을 결심한
이유는 무엇일까? 물론 도락(道樂) 때문에 자동차 사업을 시작
한 것이 아니었다. 아마도 부친의 뜻을 이어받았던 듯하다.

아버지 사키치는 미국의 자동차가 언젠가는 일본으로 물밀듯이 몰려올 것을 예상했다. 따라서 일본에서도 제대로 된 자동차 사업이 필요하다는 것을 절감하고 있었다. 그러나 자동차 사업은 자신과 같이 나이가 많은 사람이 할 사업은 아니고, 아들 기이치로와 같이 젊은 사람이 해야 할 사업이라고 생각했다. 1927년에 사키치가 쇼와(昭和)천황을 단독으로 만나고 와서 아들인 기이치로에게 "나는 국가를 위해 자동직기 발명에 혼신의 힘을 다했다. 너는 자동차를 만들어 애국하여라"라고 했다는 것이다. 기이치로 스스로도 사업에 대한 자신이 없었다면 부친의 뜻을 실현할 수 없었을 것이다. 그러나 기이치로는 자동차에 그의 일생을 걸기로 결심을 했다. 그는 "(일본) 국산 기술로 세계시장에 통용되는 소형승용차를 만들어 보겠다"는 꿈을 꾸기 시작했다.

사키치가 발명한 G형 자동직기는 당시 대공황의 불황기였음에도 불구하고 날개 돋친 듯이 팔려 나갔다. 섬유업자들이 원가를 절감하기 위해 G형 자동직기를 앞다투어 도입했기 때문이었다. 그러나 시간이 흐름에 따라 경쟁업체들이 점점 늘어나 매출이 점점 감소하기 시작했다. 당시 생산과 제품개발을 담당하고 있었던 기이치로는 신제품을 개발하지 않으면 회사가 어려울 것이라는 위기감을 가지고 있었다. 그러나 사내에서는 G형 자동직기의 성공에 취해 이러한 위기감을 느끼지 못했다. 기이치로가 아무리 생산기술의 혁신을 외쳐도 종업원들은 이를 심각하게 받아들이지 않았던 것이다. 결국 기이치

로는 개발이 어렵다고 여겨졌던 하이드래프트 방적기 개발에
직접 도전하기로 결심했다. 새로운 분야에 도전함으로써 회사
의 토대를 한 단계 더 업그레이드하겠다는 것이었다. 그러던
어느 날 기이치로는 문득 하이드래프트 방적기의 기계 부품
생산 과정인 주조(鑄造), 단조(鍛造), 선반(旋盤) 등을 자동차의
심장부인 엔진 제작에 응용할 수 있다고 생각했다. 개발을 진
행하는 과정에서 이러한 생각은 점점 확신으로 변해 갔다. 회
사가 기계 제조업체로서 성장을 지속하기 위해서는 자동직기
이외의 분야에도 진출하지 않으면 안 된다고 생각했는데, 그
분야가 바로 자동차라고 생각했던 것이다. 그러나 자동차 사
업에는 막대한 자금이 필요하므로 이를 마련하기 위해서는 방
적기 사업을 반드시 성공시켜야 한다고 생각했다. 그는 짬짬
이 시간을 내어 구미 기계 제조업체들의 최신식 절삭기, 단조
기의 카탈로그나 관련 자료들을 열심히 섭렵했다. 이때 기이
치로는 방적기를 중심으로 32건의 특허를 가지고 있는 발명가
였다. 특히 그가 발명한 인조섬유 제조 장치는 당시 태평양전
쟁을 시작하려던 일본으로서는 꼭 필요한 장치였다. 아버지
사키치의 '시류(時流)에 앞선 연구' 정신을 실천했던 것이다.
이처럼 기이치로는 발명가로서 섬유기계 발명에 몰두하면서
도 기업가로서 자동차 사업 진출을 준비하고 있었다. 도요다
가의 새로운 도전은 이때부터 시작됐다. 주위는 물론 집안에
서도 맹렬하게 반대했다. 그러나 기이치로의 의지는 단연했다.
그렇다면 그는 어떻게 주위의 반대를 물리쳤을까? 기이치로는

그 나름의 계산이 있었다. 자동차 사업을 아버지 '사키치의 유언'으로 만듦으로써 사내는 물론 사외의 반대 의견도 잠재울 수 있었다. 사키치의 유언이 자동차 사업을 위한 당위성으로 그 어떠한 논리보다도 설득력을 가지고 있었기 때문이다.

기이치로는 1930년 '스미스 모터'사의 제품을 흉내 내어 4마력 소형 엔진을 만드는 데 성공했다. 이에 자신을 얻어 1933년에 도요타자동직기 내에 자동차 부서를 발족시켰다. 1934년에는 도요타자동직기의 정약(定約)을 변경해 자동차 사업을 추가했다. 그리고 1937년 대망의 '도요타자동차공업'을 설립했다. 그러나 도요타자동차의 초대 사장에는 매형인 도요다 리사부로가 취임했다. 당시 일본 민법에는 "동일 호적 내에 있는 자는 연장자를 형으로 한다"라는 법률에 의해 사키치 사망 후 큰 사위인 리사부로가 가업을 이었기 때문이다. 그러나 리사부로도 장식에 불과한 단순한 사람이 아니었다. 리사부로의 친형인 고다마 이치조(兒玉一造)는 미쓰이 물산으로부터 독립한 '도멘(東洋棉花를 거쳐 현재는 도요타통상)'의 창업에 일조하고 있었으므로, 양가는 깊은 관계에 있었다. 또한 사위라고는 하지만 도요다가의 장자로서 가업을 함부로 할 수 있는 입장이 아니었다. 그는 도요다가의 사위가 되기 전에는 이토츄 상사의 마닐라 지점장을 지냈으므로 국제적인 비즈니스를 알고 있었다. 그는 기업경영의 가장 중요한 부분인 자금 조달을 담당했다. 그리고 기이치로는 기술과 생산을 맡았다. 기이치로는 종업원들에게 자동차 관련 기술을 가르치기도 하고 엔진 기술자를 스카우트하기도 했다. 특히 기이치로의 분신이라고 할 수 있으며 후일 도요타자동차를 반석 위에 올려놓은 사촌 동생 에이지에게, 그는 자동차의 생산 기술을 열심히 가르쳤다. 한편 기이치로는 초창기 트럭을 생산할 때 당시의 사업법에 의한 허가(許可)회사가 되기 위해 시작차(試作車)를 만들지 않고 막 바로 실용화를 감행하는 대담함도 보였다. 그는 매형인 리사부로가 자금을 맡고 있었으므로 안심하고 자동차 개발에 전념할 수 있었다. 사실 사키치와 기이치로에게는 발명가와 기업가의 소질은 있었으나, 실제 경영은 주로 도요다가의 대리인들이 맡았다.

도요타 경영방식의 특징 중 하나는 일본 고유의 상가(商家) 경영방식인 번두제(番頭制)[6]를 채택했다는 점이다. 도요다가에서 번두의 역할은 단순히 기업 회계 업무나 오너의 보좌역을 하는 것이 아니었다. 경영 전반에 대해 항상 체크를 하고, 경우에 따라서는 톱을 대신하여 의사결정을 해야 하는 경우도 허다했다. 제3대 사장인 이시다는 도요다가의 번두였다. 이시다는 기이치로가 사장으로 복귀를 결정할 때까지 훌륭하게 도요타를 이끌어 왔을 뿐 아니라 기이치로가 갑자기 사망하자 이번에는 에이지가 성장할 때까지 격동기의 도요타를 이끌고 갔다. 도요타의 번두는 그 정도까지의 역할을 해야 했다. 도요타는 이들 번두가 제 역할을 했을 때는 순항했지만 번두가 제 역할을 하지 못했을 때는 어려움에 직면했다. 예를 들어 기이치로의 번두는 동경제국대학 시절의 친구인 스미베 가즈오(隈

部一雄)였다. 그러나 학자풍의 인격의 소유자였던 그는 경영 쪽으로 기이치로를 제대로 보필하지 못했다. 그리하여 결국 기이치로는 사장에서 퇴임하는 불운을 겪기도 했다. 에이지가 사장일 때의 번두는 경리담당 상무인 하나이 쇼하치(花井正八)였다. 그는 에이지가 상처를 입지 않도록 최선을 다했을 뿐만 아니라, 에이지가 하고 싶은 말을 대신하여 발언하는 등 문제의 불씨를 없애는 역할에도 충실했다. 에이지와 하나이에 대해 당시의 미디어에서는 '일란성쌍둥이' 또는 '그림자'라고 했다. 이처럼 도요다가는 번두제를 유효하게 활용함으로써 오너 경영 체제를 유지할 수 있었을 뿐만 아니라 오너로만 이어지는 경영의 결점을 보완할 수도 있었다.

1941년 리사부로가 병으로 회장으로 물러나고, 제2대 사장으로 기이치로가 취임했다. 기이치로의 사장 취임은 도요다가가 본격적으로 자동차 사업에 뛰어든다는 것을 내외에 선포하는 것이었다. 그러나 기이치로의 비극은 사장에 취임하면서부터 시작됐다. 1941년은 일본이 태평양전쟁을 시작하던 해였다. '국산 기술로 세계시장에 통용되는 소형승용차를 만들어보겠다'는 기이치로의 꿈은 처음부터 난관에 부닥쳤다. 태평양전쟁에서 패색이 짙어진 일본은 1943년에는 군수회사법을 시행하여 군수물자를 조달하는 데 여념이 없었는데, 이때 도요타의 고로모(擧母) 공장도 군수공장으로 지정을 받았다. 이에 크게 실망한 기이치로는 도요타의 거점인 나고야(名古屋)를 떠나 동경에서 독서삼매경의 은둔생활을 했다. 그리고 1945년

태평양전쟁이 종전되자 "이제 염원이었던 소형승용차 개발을 할 수 있다"고 좋아했다. 그러나 도요타자동차의 경영 상태는 좋지 않았다. 1949년 2억 엔의 자금 부족으로 도산의 위기에 처했다. 당시 일본은 전후 인플레이션을 수습하기 위해 초긴축정책을 썼는데, 도요타도 심각한 자금난으로 인해 경영위기와 노사분규를 겪었다. 금융기관들은 융자에 난색을 표했고, 주요 거래선들도 도요타에 대한 납품을 경원시했다. 급기야는 경영위기의 책임을 지고 창업자가 퇴진해야 하는 상황에까지 내몰렸다. 지금도 도요타 사람들은 이때의 위기를 마음속에 되새기고 있으며, 이후 도요타가 견실한 경영으로 일관해 온 것도 이때의 위기를 타산지석으로 삼고 있기 때문이다. 그리고 이때 위기를 극복해 냈기 때문에 지금 세계 최강의 도요타가 존재하는 것인지도 모른다.

위기를 구한 것은 일본은행 나고야 지점장인 다카나시 오케오(高利壯夫)였다. 도요타가 파산하면 나고야 지역 경제에 큰 타격이 예상됐기 때문에 그가 직접 나섰다. 일본은행이 중심이 되어 협조 융자단을 편성하고 1억 8,000만 엔의 긴급융자를 실시했다. 일본에서는 통상 경영난에 직면하면 주거래은행이 사장을 파견한다. 일본은행 주도의 협조 융자단은 기업 재건 방안으로서 경영 합리화는 물론 도요타의 생산과 판매를 분리하기를 요구했다. "도요타가 자금난에 직면한 것은 팔리지도 않는 자동차를 생산했기 때문이다. 이러한 불건전한 경영이 지속되는 한 아무리 융자를 하더라도 재건할 수 없으므로 생산과 판매를 분리하여 도요타는 자동차 만들기에만 전념하라"는 것이었다. 이렇게 하여 1950년 4월에 도요타는 '도요타자동차공업(이하 자공(自工))'과 '도요타자동차판매(이하 자판(自販))'로 분리됐다. 이때의 경영실패로 이해 도요타는 1982년 양사가 합병될 때까지 32년간 생산과 판매가 분리되는 불운을 겪었다.

기이치로는 발명가와 기업가로서의 기질은 풍부했으나 실제 기업경영, 특히 재무에는 소홀했던 것으로 평가되고 있다. 그에게 에이지 시대의 하나이 같은 명(名)번두가 있었더라면 그의 기질을 충분히 살릴 수 있었을지도 모른다. 아무튼 기업경영의 냉엄한 현실 앞에서 그의 원대한 꿈을 접을 수밖에 없었다. 생산과 판매의 분리는 '도요타자동차판매' 회사를 설립함으로써 해결됐으나 합리화 대책인 인원정리에 대해서만은 기이치로는 최후의 최후까지 저항했다. 도요타의 정신적인 기둥인 도요타 강령이 훼손될 우려가 있었기 때문이다. 그러나 이것이 결과적으로 그의 사장 수명을 단축시키는 결과를 초래했다. 결국 사장의 교체가 불가피해진 상황으로 내몰렸다. 도요다가로서는 어떻게 해서든지 사장 파견만은 막으려 했으나 결국 기이치로의 사장 퇴임은 불가피했다.

그리고 이때 발탁된 인물이 '도요타 중흥의 신'이라고 불리는 '이시다 타이조'였다. 이시다는 기이치로의 자동차 사업에 맹렬히 반대한 적이 있었으나 도요다가로서는 이를 문제 삼을 처지가 아니었다. 도요다가로부터 도요타자동직기의 경영을 위임받아 온 이시다는 노사분쟁을 해결하고 자동직기 수출에 기여하는 등의 실적이 있었다. 1950년 이시다는 기이치로와 리사부로의 간곡한 부탁으로 도요타자동차의 제3대 사장으로 취임했다. 이때 기이치로는 이시다에게 눈물을 흘리면서 "이시다 씨, 젊은이들을 키워 주십시오. 그들에게 경영의 ABC를 가르쳐 주십시오"라고 간곡한 부탁을 했다고 한다. 그러자 이시다는 "경영은 나에게 맡겨 주십시오. 에이지를 위시하여 젊은 인재들을 훌륭한 경영자로 키워 내겠습니다"라고 회답했다고 한다. 기이치로는 기업경영의 허술함이 위기를 불러왔다고 자각하고 있었다. 한편 실적이 좋은 도요타자동직기 사장이 도요타 사장을 겸임하는 것에 대해 협조 융자단은 더 이상의 무리한 요구는 하지 않았다. 대신 경영에 대한 감시인으로서 나카가와 후키오를 파견하기로 했다. 이 정도에서 도요타의 위기는 일단락됐다.

이때부터 도요타만의 독특한 지배구조가 시작됐던 것으로 보인다. 일반적으로 기업이 경영위기에 빠지고 전문경영인이 새롭게 영입되면 창업가의 영향력은 약해지기 마련이다. 동종업체인 닛산의 경우가 그러했다. 비슷한 시기에 창업한 닛산은 몇 차례의 경영위기를 겪으면서 이미 창업가의 그림자를 찾아보기가 어려운 기업이 됐다. 혼다의 경우도 아직은 창업자인 혼다 소이치로의 영향력이 강해 보이지만 창업가로서의 혼다가의 영향력은 미미하다. 그러나 심각한 경영위기를 맞았고 또 오너경영자가 교체되는 상황에서도 도요다가에 의한 지배구조는 쇠퇴하지 않았다. 이시다 신임 사장이 주주총회에서 "도요타자동차는 기이치로 씨가 고심하여 창업한 회사입니다. 기이치로 씨가 없었다면 일본에 근대산업인 자동차 산업이 생겨나지 않았을 것입니다. 그런 기이치로 씨가 퇴진한 것은 주주와 채권자에 대해 경영부진의 책임을 지려고 한 것이기 때문입니다. 따라서 나는 분골쇄신(粉骨碎身)하여 회사의 업적을 향상시킨 다음에 이 회사를 탄생시킨 기이치로 씨를 다시 사장으로 맞으려고 합니다. 이를 미리 말씀드리고자 하는 바입니다"라고 했던 것이 그 증거이다. 그는 취임도 하기 전에 이미 정권을 반환하는 '대정봉환(大政奉還)'[7]을 선언했다. 새로 취임하는 사장 스스로가 도요타자동차는 기이치로, 즉 도요다 가의 것이라는 인식을 분명히 했던 것이다. 이것이 도요타의 기업문화가 타 기업문화와 다른 아주 특이한 점이다.

어떻게 이것이 가능한지를 규명하는 것은 쉽지 않다. 왜냐하면 도요타의 내적인 경영 이념, 기업문화가 자리 잡는 과정을 일일이 해명하는 것이 불가능하기 때문이다. 분명한 것은 당시에 기이치로가 내걸었던 "일본인의 머리와 손으로 세계에 통용되는 소형승용차를 개발해 내겠다"는 도전정신에 도요다 가의 대리인들, 즉 전문경영인들도 공감하고 있었다는 것이다. 물론 이러한 이념에는 단순히 도전정신만이 배어 있던 것은 아니다. 당시 자동차 산업의 후진국인 일본으로서는 구미의 자동차에 맞설 수 있는 자동차를 개발한다는 것이 일본의 국익에도 부합되는 국가적인 사업이라고도 할 수 있었기 때문이다. 이러한 이념을 경영 사정이 어렵다고 해서 전문경영인이 쉽게 부정할 수는 없었을 것이다. 이때 이시다의 생각은 이후의 도요타의 지배구조에도 지대한 영향을 미쳤다. 도요타의 지배구조가 특이한 것은 이러한 전통이 이후에도 계속해서 이어졌기 때문이다. 제8대 사장인 오쿠타 히로시(奧田 碩)사장도 제5대부터 제7대까지 역임한 오너경영인 이후에 발탁된 전문경영인이다. 그도 "도요다가가 있기 때문에 도요타자동차가 존재한다"는 생각을 가지고 있었다. 그는 "국가나 조직에는 반드시 구심력이 필요하다. 일본이라는 국가는 천황이 상징이듯이 도요다가는 도요타의 상징이며 이러한 상징은 앞으로도 계속될 것이다"라고 했다. 이러한 도요타의 상징물은 다름 아닌 '도요타 강령'이다. 도요타가 위기를 넘기고 또 세계 최고의 자동차 회사로 발돋움한 것도 도요타 강령의 기본 정신을 이어왔기 때문이라고 도요타 사람들은 믿고 있다. 이러한 기업문화가 확고하게 자리 잡고 있는 상황에서 설령 경영위기가 닥치더라도 전문경영인이 기업문화를 바꾸는 것은 쉽지 않다. 즉, 새로운 것에 대한 도전정신, 국가를 위한 사업, 가족과 같은 결속력 등 사카치와 기이치로부터 이어져 내려오는 기업문화가 도요타의 독특한 지배구조를 형성하고 있는 것이다.

한국전쟁으로 위기를 넘기는 도요타

파산 직전에다 창업자인 기이치로 사장마저 퇴임하는 도요
타는 첫 번째 위기를 어떻게 극복했을까? 그 배경은 바로 한
국전쟁이었다. 일본이 전후의 경제적 혼란을 한국전쟁으로 인
해 극복할 수 있었다는 것은 널리 알려진 사실이다. 특히 다른
어떤 산업보다도 자동차 산업이 한국전쟁의 수혜자였다. 그야
말로 도요타에게 한국전쟁은 행운의 여신이었다. 이시다 신임
사장 취임 20일 후인 1950년 6월 25일에 한국전쟁이 터졌다.
미군이 도요타에 트럭을 대량으로 발주하기 시작했다. 당시
한국전쟁은 일본의 산업계에 막대한 전쟁 特需(특수)를 유발했
다. 개전 후 1년간의 특수 액수가 1,134억 엔에 달했다.[8] 자동
차 산업의 경우도 도요타의 36억 엔을 필두로 82억 엔의 특수

가 발생했다는 시산(試算)이 있다. 당시 일본경제는 전후의 초긴축 정책으로 빈사 직전까지 내몰렸으나 한국전쟁 특수로 인해 폐허로부터 회복할 수 있었고, 이후 경이적인 고도성장을 이룩하는 초석을 마련했다.

그러나 행운도 실력이 있어야 자기 것으로 만들 수 있다. 당시 이시다는 철저한 경영합리화를 도모했다. 특수로 인해 인력이 턱없이 부족했음에도 불구하고 신규채용을 하지 않았다. 이시다의 경영철학은 단순명쾌했다.

"경영자의 첫 번째 사명은 회사에 이익을 창출하는 것이다. 경영자는 우선 이익 창출에 철저해야 한다. 그리고 사회에는 세금으로, 주주에게는 배당으로, 종업원에게는 월급으로 모두를 행복하게 하는 것이 기업의 사회적 책임이다."

지금 도요타에 흐르고 있는 '낭비 제거 DNA'는 이때 형성된 것이라 할 수 있다.

이시다는 전문경영인이었음에도 '도요타 중흥의 신'으로 추앙받고 있다. 그는 도요타에 창업가의 도전정신에다 도요타식의 견실한 경영방식을 보탰던 장본인이다. 도요타가 지금까지 낭비 제거를 통해 철저하게 합리화를 추구하는 것은 물론, 재무적으로도 보수적인 경영으로 일관하고 있는 것은 이시다 사장 때에 확립된 경영방식이다. 도요타가 보통기업과 다른 점은 한 번 경험한 실패를 절대로 잊지 않고 반드시 교훈으로 삼는다는 것이다. 도요타는 1950년 이후 지금까지 한 번도 적자를 낸 적이 없는 기업이다. 이는 허술한 경영으로 사장이 퇴임당하는 수모를 두 번 다시 당하지 않겠다는 도요타 사람들의 결의라고 볼 수 있다.

한국전쟁 특수로 위기를 넘긴 이시다에게는 시간이 흐를수록 기이치로의 존재감이 커져만 갔다. 공장을 둘러볼 때마다 현장의 직원들이 기이치로의 시절을 그리워하는 것을 느낄 수 있었다. 회사 경영도 정상으로 돌아오고 있었고, 에이지를 비롯한 젊은 인재들도 착실히 성장하고 있었다. 자신의 역할이 끝나가고 있음을 절감했다. 그는 취임 당시에도 그랬듯이 도요타를 '자신이 도요다가로부터 임시로 맡아 있는 회사'라고 생각하고 있었다.

한편 기이치로의 자동차에 대한 열정은 사장 퇴임 후에도 식을 줄 몰랐다. 퇴임 후 기이치로는 동경에 사설 '도요다기이치로연구소'를 개설하여 소형승용차의 설계도를 그리기도 하고, 또 일본 자동차 산업의 미래에 대해 생각하기도 했다. 국민소득이 늘어나면 미국처럼 자동차에 대한 수요가 급증할 것이 명백함에도 불구하고 당시 일본의 자동차 제조업체들은 이에 부응하지 못하고 있다고 생각했다. 소비자의 니즈는 날로 까다로워지고 있는데도 일본차들은 이에 적극적으로 대처하지 못하고 있었다. 일본 국산차 개발은 포기하고 외국차를 불하하자는 여론마저 일고 있었다. 도요타도 1951년에 월산 150대의 승용차를 생산할 정도로 성장하기는 했으나 승용차의 성능은 형편없었다. 많은 부품을 승용차와 트럭이 공용(共用)하고 있어서 말이 승용차이지 실제로는 트럭이었다.

한편 기이치로로부터 사촌 동생인 에이지를 키워 달라는 부탁을 받은 이시다는 에이지를 미국의 포드사에 연수 보내는 등 에이지를 차기 후계자로 육성하는 것에도 정력을 쏟았다. 사실 도요타는 당시에 포드로부터의 기술도입에 상당한 기대를 가지고 있었다. 특히 기이치로는 일본의 기술이 아직 승용차를 자체 개발할 단계에 이르지 못하고 있음을 알고 있었으므로 내심 포드의 힘을 빌려 승용차를 개발하겠다는 생각을 상당히 갖고 있었다. 그러나 양사의 협력관계는 오래 지속되지 못했다. 한국전쟁 발발 후 미국은 미국 기업이 외국기업에 대해 직접투자를 하거나 중요 기술자의 해외 파견을 금지하는 조치를 내렸다. 따라서 포드가 도요타로 파견한 기술자에게 받는 기술지도 계획은 취소됐다. 대신 도요타는 직원을 포드에 파견하여 기술지도를 받을 수 있게 해 달라고 부탁했다. 포드의 승낙을 받아 에이지와 대졸 1기생인 사이토(齊藤尙一)가 포드에서 1개월 반 동안 연수를 받을 수 있었다. 이들이 귀국한 이후에 도요타는 품질관리, 제안제도, TPS(도요타생산방식) 등을 적극적으로 도입했는데, 이는 포드로부터 생산혁신에 대한 상당한 영향을 받았기 때문이다. 따라서 지금의 도요타 생산혁신의 원형은 역시 포드라고 말할 수 있다.

연수에서 돌아온 에이지는 곧 기이치로를 찾아가 포드 연수에 대한 소감을 보고했다. "포드는 일산(日産) 7천 대, 도요타는 40대로 규모의 면에서는 코끼리와 개미 정도의 차이가 있지만, 실제로 공장에서 하는 일은 그다지 큰 차이는 없다.

군이 차이를 들자면 공작기계의 성능 차이라고 생각한다. 도요타도 생산성을 올리려면 미국의 공작기계를 도입할 필요는 있겠지만 포드가 하고 있는 일을 도요타가 하려고 하면 못할 것도 없다"라는 것이 에이지의 연수 소감이었다. 그러자 기이치로는 "에이지를 포드에 연수 보내길 잘했다. 에이지는 포드의 규모면에 현혹되지 않고 포드의 실태를 냉정하게 관찰하고 왔다. 외자(外資)에 대한 비판력과 도요타에 대한 흔들림 없는 자신감이야말로 에이지의 큰 자산이다. 내 눈이 틀림이 없다. 도요타의 장래를 맡길 수 있는 사람은 에이지뿐이다"라고 했다. 한편 에이지는 이시다 사장에게도 보고했다. 그러자 이시다는 "에이지, 공작기계를 사고 싶으면 얼마든지 사도 된다. 기술자가 돈을 걱정해서는 안 되는 거야. 그 대신 낭비는 안 된다. 낭비하는 돈은 일 전도 써서는 안 되지만, 장래를 위한 돈은 얼마든지 쓸 수 있다"라며 그의 재무관을 밝혔다. 미래에 대한 투자를 아끼지 않는 도요타의 경영방식도 이때부터 시작됐다. 예를 들어 당시 에이지는 '공장근대화 5개년 계획' 투자자금으로 46억 엔을 계상했다. 아무리 한국전쟁 특수로 인해 호경기라 할지라도 이제 막 회생하기 시작한 회사가 이 정도의 자금을 조달하는 것은 쉬운 일이 아니었다. 경리부장은 매일 금융기관을 돌아다니면서 머리를 숙이며 자금 조달에 여념이 없었다. 도요타의 부엌 사정을 잘 알고 있는 에이지는 "지금 도요타에는 돈이 없다. 그렇다면 어떻게 해야 할 것인가. 그것은 바로 합리화이다"라고 생각했다. 그리고 극한까지 합리화를 추구하는 도요타의 경영방식도 이때부터 생겨났다.

한편 에이지로부터 연수 보고를 받은 기이치로는 구미의 성능이 좋은 승용차가 일본으로 홍수처럼 밀려올 것을 예감했다. 그리고 일본의 자체적인 기술 개발의 필요성을 절감했다. 그는 일본의 자동차 기술력을 한 단계 업그레이드하기 위해서 도요타·닛산·포드가 합작하는 방안을 모색하고 있었다. 사업은 자력으로 해야 한다는 아버지의 사업정신을 이어받은 기이치로는 자동차 사업에 있어서도 자금에서부터 기술까지 자력으로 해결하려고 했다. 하지만 현실은 냉엄했다. 우선 자동차를 만드는 기초 기술이 턱없이 부족했고, 어떻게 해서 달릴 수 있는 자동차를 만든다 하더라도 당시로서는 구미의 자동차에 대항한다는 것은 불가능했다. 그래서 생각해 낸 것이 선발 업체의 도움을 얻는 것이었다. 기이치로는 포드로부터 기술을 배워 자동차 생산을 본궤도에 올려놓고 싶었던 것이다. 기이치로는 평소 기술에 대해서는 "자동차의 선구자인 미국 업체로부터 배울 점은 배워야 한다"라는 겸허한 자세를 가지고 있었다.

비운(悲運)의 창업자 도요다 기이치로

이시다는 도요타의 경영사정이 호전되자 자신의 역할이 끝났다고 생각하고 기이치로에게 도요타의 경영을 물려줄 것을 결심했다. 에이지가 기이치로에게 사장 취임을 권유하자 기이치로는 그 자리에서 반대를 했다.

"에이지, 회사 업적이 좀 좋아졌다고 자만하지 말라. 한국전쟁 특수로 트럭이 조금 팔린 것뿐이다. 내가 진정으로 만들고 싶은 것은 트럭이 아니라 승용차다. 자동차 메이커라고 하면 승용차를 만드는 메이커를 말한다. 극단적으로 말하면 제대로 된 승용차를 만들지 못하면 자동차 회사라고 할 수 없다. 자동차를 만들려면 레이스에도 참가해 봐야 한다. 트럭은 화물을 싣지만 승용차는 사람의 생명을 싣기 때문에 예상하지 못한 리스크를 사전에 방지하기 위해서이다. 안전한 승용차를 만들기 위해서는 레이스에 참가하는 것은 필수이다. 세계에 통용되는 소형 승용차에는 레이스에 사용하는 마력이 좋은 엔진을 실어야 한다. 지금 내가 바라는 것은 그러한 엔진이다. 그러나 현재 도요타에는 그러한 엔진을 만들 실력이 없다. 때문에 나는 그런 회사에 돌아가고 싶지 않다"라고 에이지에게 또박또박 논리적으로 반박했다.

더욱이 기이치로는 이시다 사장 다음으로 에이지를 생각하고 있었다. 에이지는 그의 분신이라고 생각하고 있었고 그동안 어느 정도 경영수업을 소화했기 때문에 앞으로 충분히 도요타를 이끌고 나갈 수 있을 것이라고 생각하고 있었다. 기이치로는 자신의 '자동차 만들기 유전자'가 이미 에이지에게 이식됐다고 생각했던 것이다. 그리고 본인은 도요타·닛산·포드의 합작이 성사되면 그 회사로 갈 것을 염두에 두고 있었다.

이시다는 결국 기이치로를 설득하러 동경의 기이치로를 찾아갔다. 그리고 기이치로에게 "도요타로 돌아와 외국차에 대항할 만한 승용차를 만들어 달라"고 그를 설득했다. 그러자 기이치로는 "소형승용차를 만들어 달라는 말이 정말입니까? 그렇다면 다시 생각을 해 보지요"라고 답했다. "사나이가 한 입에 두말하겠는가. 원래 도요타는 당신이 세계에 통용하는 승용차를 만들기 위해 세운 회사가 아닌가? 나는 어차피 도요다가의 지배인에 불과하다. 다행히 승용차를 개발할 만한 자금 여유도 생겼다. 이제 당신이 기술진을 진두지휘하여 엔진을 만들어라. 그리고 도요타는 당신 회사니까 구워 먹든 삶아 먹든 당신 마음대로 해라"라는 이시다의 집요한 설득에 기이치로는 결국 "그동안 응석을 부려서 죄송합니다. 그렇다면 도요타로 돌아가겠습니다"라고 사장 복귀를 승낙했다.

이러한 사실로 알 수 있듯이 도요타의 창업자 기이치로의 꿈은 경영성적이 좋은 회사를 만드는 것이 아니었다. 그의 꿈은 오로지 '일본인의 머리와 솜씨로 세계에서 통용되는 소형 승용차를 개발하는 것'이었다. 이러한 꿈은 한편으로는 선친의 뜻이기도 하고 다른 한편으로는 자신의 인생을 통해 도전하려는 과제이기도 했다. 또 그 꿈을 이루어 내는 것은 도요타는 물론 일본을 위해서도 반드시 필요하다고 생각했다. 그렇기 때문에 승용차 엔진의 자체 개발은 절대 포기할 수 없었다. 따라서 그는 승용차 엔진을 개발할 수만 있다면 회사가 도요타이건 합작회사이건 상관이 없었던 것이다. 단지 포드를 염두에 둔 것은 당시 일본의 기술 수준을 잘 알고 있어, 단기에 이러한 꿈을 실현하기 위해서는 포드의 선진 기술을 배울 필요가 있다는 생각 때문이었다.

57세에 기이치로는 도요타로 복귀할 것을 결심했다. 에이지를 비롯하여 직원들은 그를 대환영했다. 회사도 승용차 생산을 위한 제반 시설이 정비돼 가고 있었다. 기이치로도 관청과 금융기관을 정력적으로 돌아다니며 복귀 준비에 여념이 없었다. 그러나 문제는 건강이었다. 기이치로는 지금까지 고혈압으로 고생해 왔다. 호주가(好酒家) 혈통을 이어받은 기이치로의 최대의 즐거움 또한 술이었다. 자신이 만든 회사로부터 쫓겨난 허무함을 술로 달랬다. 복귀를 4개월 정도 앞두고 소형차 설계도 작성과 발명 자서전 집필에 몰두하던 1952년 3월 21일 그는 하숙집에서 쓰러졌다. 고혈압 발작을 일으키고 난 몇 시간 후에야 직원이 설계도 앞에 쓰러져 있는 기이치로를 발견하고 병원으로 옮겼지만 그는 3월 27일 사망하고 말았다. 자동차 기술에 대한 풍부한 지식과 경험을 가진 기이치로의 충격적인 사망은 도요타뿐만이 아니라 일본 산업계로서도 큰 손실이라고 당시의 언론들은 전했다.

도요다가의 비운은 계속됐다. 기이치로의 사거 2개월여 후에는 초대 사장이었던 리사부로도 사망하고 말았다. 기이치로의 사망 소식에 받은 쇼크가 원인이었다. 리사부로는 병문안 온 에이지에게 "에이지 알겠나? 도요타는 어떻게 해서라도 개발 중인 승용차를 성공시켜야 한다. 기이치로의 죽음에 보답하는 것은 그 길밖에 없다. 그것은 네가 제일 잘 알고 있지 않는가? 도요타의 장래는 네 어깨에 걸려 있다"라고 말했다. 도요다가의 자동차 사업을 반대했던 사람마저도 죽음을 앞에 두고 "도요타는 트럭에 매달려서는 안 된다. 어떻게 해서라도 승용차를 사업을 해야 한다"라고 유언을 남겼던 것이다. 도요타는 초대와 제2대 사장을 동시에 잃는 비운을 겪었다. 당시 일본에서는 이를 '도요다가의 비극'이라고 칭했다.

창업자 겸 제2대 사장과 초대 사장의 연이은 사망은 분명 도요다가의 비극이었다. 그러나 이는 다른 한편으로는 도요타의 새로운 출발을 예고하는 것이기도 했다. 우선 자체 승용차 개발이라는 기이치로의 꿈에 대해 그동안 반대해 왔던 사람들의 의견을 찬성으로 돌려서 의견을 통합할 수 있는 계기가 됐다. 거기다 도요타의 경영도 한국전쟁 특수로 상당히 호전되어 승용차를 자체 개발할 수 있는 재정적인 여건도 좋아졌다. 나아가서는 차기에 도요타를 이어 갈 에이지도 착실히 육성되고 있었다. 어떻게 보면 도요타는 창립 15년 만에 '제2의 창업'이라고도 할 수 있는 승용차 사업의 기반이 마련된 셈이었다. 도요타가 창업기의 어려움을 딛고 진정한 자동차 회사로 거듭나는 시기가 바로 이때부터였다.

창업자 기이치로가 도요타에 끼친 영향은 지대했다. 우선 자신들의 손으로 세계에 통용되는 승용차를 만들어 보겠다는 꿈을 점점 현실로 접근시켰다. 도요다가의 도전 유전자가 기이치로의 허망한 꿈으로 끝나는 것이 아니라는 것을 실감할 수 있었다. 또 이러한 꿈은 기이치로의 개인적 욕망이 아니라 국가의 장래를 위한 꿈이라는 점에서 더욱 빛났다. 일본이 구미의 자동차 회사들을 따라가기 위해서는 소형승용차의 자체 개발은 피할 수 없는 과제라는 점을 기이치로는 도요타는 물론 일본의 자동차 산업계에 각인시켜 주었다.

그리고 무엇보다도 소중한 것은 기이치로의 창업정신은 도요타 강령을 준수하여 종업원을 소중하게 여겼다는 것이다. 기이치로의 이러한 정신은 기이치로 본인에게는 화근이 됐지만 도요타로서는 소중한 자산이 됐다. 도요타가 노사화합의 경영을 실현할 수 있었던 것도, 도요타생산방식을 창안할 수 있었던 것도, 또 위기 때마다 이를 극복하는 저력을 발휘할 수 있었던 것도 기이치로가 "종업원은 도요타의 보물"이라고 한 것과 무관하지 않다. 이처럼 창업자 기이치로는 도요타에 소중한 정신적 유산을 남기고 떠났다.

그러나 차기 사장을 정하는 일은 순탄치 않았다. 도요타는 위기가 닥치기 전인 1949년에 주식을 상장하여 사회적 공기(公器)가 됐다고는 하지만 이시다 사장의 머리에는 '도요타는 도요다가의 가업'이라는 의식이 항상 자리 잡고 있었다. 그리고 차기 사장을 도요다가로부터 뽑는다면 역시 도요다 에이지밖에 없다는 생각을 했다. 그러나 에이지는 아직 39세에 불과했다. 오랜 경험을 통해 기업경영의 쓴맛을 알고 있는 그는 "에이지는 기술자로서는 일류이지만 경영수완은 아직 미지수이다"라고 생각했다. 그리고 진행 중인 소형승용차 개발 프로젝트를 끌고 나갈 사람은 에이지밖에 없다고 생각했다. 이시다는 자신이 만약 여기서 은퇴한다면 무책임하다는 비판을 면할 수 없다고 생각했다. 결국 그는 사장 자리를 지키면서 에이지에게 차기 경영자로서의 제왕학(帝王學)을 전수하기로 결심했다. 그리고 주주총회에서 기이치로의 장남인 도요다 쇼이치로를 이사로 발탁했다. 당시 쇼이치로는 도요타가 아니라 관련 회사인 '아이치(愛知) 공업', 즉 지금의 '아이싱정기(精機)'에 다니고 있었다. 이것을 보면 기이치로는 아들을 도요타에 입사시키는 데에 그다지 연연하지 않았던 것으로 판단된다.

한국 기업들로서는 이해가 쉽지 않은 부분이다. 기본적으로는 한국과 일본의 상속에 대한 관점의 차이 때문일 수도 있다. 나이와 실력 차이는 있다 하더라도 기이치로는 일찍부터 장남인 쇼이치로가 아닌 사촌 동생인 에이지를 후계자로 생각하고 있었다. 한국에서는 이러한 생각을 하기란 쉽지 않다. 그리고 에이지는 또 다음 후계자로 기이치로의 장남이고 본인의 종조카인 쇼이치로를 생각했던 것이다. 이에 대해 도요다가의 합의가 있었을 수도 있겠으나 표면적인 마찰 없이 승계가 자연스럽게 이어지는 것을 보면 도요다가의 승계 구도는 한국인의 관점에서는 쉽게 납득이 가지 않는다.

최근 도요타에서 기이치로의 맏손자이고 쇼이치로의 아들인 도요타 아키오(豊田章男) 부사장이 차기 도요타 사장이 될 것이라는 논의를 둘러싸고 의견이 분분하다. 하지만 결국 아키오가 도요타를 이어갈 것이라는 설이 유력하다. 제6대 사장인 쇼이치로의 동생이며 제7대 사장인 도요타 다츠로(豊田達

郞) 이후 전문경영인이 3사람이나 이어진 후에 다시 도요타가는 장자 상속을 하겠다는 것이다. 적절한 인물이 없으면 친동생이나 사촌 동생 혹은 전문경영인이 영입됐다가도 언젠가는 다시 장자로 회귀하는 지배구조가 어떻게 가능할까하는 의문을 품지 않을 수 없다. 아무리 경영자가 바뀌더라도 도요타는 도요다가의 가업이라는 인식을 그 어느 경영자도 바꾸기가 쉽지 않은 단단한 기업문화가 형성돼 있기 때문이 아닐까.

성공, 실패 그리고 성공으로 이어지는 자주 개발

한국전쟁 특수 이후 일본경제는 본격적인 성장을 시작했고 국민들의 생활도 서양화되기 시작했다. 자동차는 그 첨단에 선 제품으로 누가 보아도 성장산업이라는 것이 명백했다. 당시 일본 통산성(通産省)은 외국차에 40퍼센트의 관세를 부과하고 있었으나 계속해서 높은 관세를 부과할 수 없는 입장이었다. 반면 관세를 낮추면 일본으로 외국 승용차가 물밀 듯이 들어올 것이 우려되는 상황이었다. 그러나 운수성(運輸省)은 국제경쟁력이 없는 일본 자동차 제조업체의 과보호를 반대했다. 국내 제조업체는 트럭에 전념하고 경쟁력이 없는 승용차는 수입해야 한다는 입장을 가지고 있었다. 결국 이 문제는 정치문제로까지 비화됐다. 참의원운수의원회(参議院運輸委員會)에 참고인으로 나선 이시다는 "일본의 자동차 메이커는 자기 회사의 이익만을 생각하고 있다. 외제차에 비해 기술력도 떨어지고 고장도 잦은 차를 파는 것은 소비자를 우롱하는 짓이다"라는 반대파의 비판에 대해, "도요타는 반드시 여러분이 만족할 만한 승용차를 만들어 보이겠습니다. 조금만 기다려 주십시오. 의원님도 장래에는 반드시 도요타의 고객이 될 것입니다. 장사꾼은 장래의 소중한 고객에 대해 나쁜 말을 할 수 없습니다"라는 명답변을 했다고 전해진다. 장장 6시간에 걸친 질의와 답변이 이어졌다. 이시다가 당당한 답변을 할 수 있었던 것은 에이지가 개발하고 있는 소형승용차가 성공할 것이라는 자신감이 있었기 때문이다. 이때의 증언으로 인해 이시다는 일본 자동차업계의 '얼굴'이 됐다. 사실 당시 일본 자동차 제조업체 중에는 자사의 기술로 승용차를 개발하겠다고 나선 곳은 도요타뿐이었다. 당시 닛산자동차의 아사하라(淺原源七) 사장은 일본의 자동차 산업이 한 단계 더 도약하기 위해서는 외국업체와의 제휴가 불가피하다는 지론을 가지고 있었다. 사실 기이치로도 '일본인의 머리와 솜씨로 세계시장에서 통용되는 소형승용차를 개발'해야 한다는 야망은 가지고 있었지만 내심이를 실현하는 일은 쉽지 않을 것이라는 판단을 가지고 있었다. 그래서 그는 도요타·닛산·포드의 합작회사를 생각했던 것이다. 도요타가 자주 개발에 착수한 것은 1952년이었는데 이당시 미국과 일본의 자동차 기술 수준의 차이는 일본이 미국에 10년 정도나 뒤처지고 있는 상황이었다. 이 공백기를 메우기 위해 외국의 기술을 도입해야 한다는 의견이 대세였다. 하물며 노조조차도 "자주 개발은 시간이 너무 걸린다. 다른 회사가 외국기술을 도입하면 도요타의 장래는 보장할 수 없다. 지금 도요타에 선진국과 대항할 만한 기술이 어디에 있느냐"라며 반대할 정도였다.

하지만 자사를 비하하는 자학적인 분위기가 사내에 팽배해 있음에도 불구하고 에이지는 자주 개발을 선택했다.

"외자와 제휴하여 만든 자동차는 개발 초기에는 기술적으로 우수하다는 평가를 받을지도 모른다. 그러나 여러 가지 제약이 붙게 마련이므로 이후에는 발전 속도가 늦어진다. 자주 개발은 거북이걸음처럼 그 당시는 힘이 들더라도 기술은 빠르게 향상될 것이다. 자주 개발 방침은 결코 핸디캡이 될 수 없다."

이것이 에이지의 소신이었다. 또한 당시 개발을 직접 진두지휘한 나카무라 주사(主查)도 비슷한 생각을 가지고 있었다.

"다른 사람이 그린 도면을 가지고 자동차를 만든다는 것은 기술자로서 프라이드가 용서하지 않는다. 해외 메이커가 그린 도면으로 자동차를 만들기 시작하면 앞으로 우리의 일은 없어지고 말 것이다. 기술은 트라이 앤드 에러(try and error)가 없으면 진보하지 않는 법이다. 노하우란 다른 사람으로부터 배우는 것이 아니라 자신이 고생하면서 몸에 익히는 것이기 때문에 가치가 있는 것이다."

지금도 도요타 내에서는 '자공정완결(自工程完決)'이라는 말을 잘 사용한다. 개발·생산·판매 등 각 부문에서 문제점이 발생하면 자신의 힘으로 스스로 해결해 나간다는 뜻이다. 오늘날 도요타가 세계 최고 자동차 회사가 된 원점은 스스로의 기술로 개발한 소형승용차 '크라운'이다. "일본차의 스탠더드가 될 자동차를 주위의 의견에 휘둘리지 말고 만들어 보자"라는 것이 당시 '크라운' 개발에 열중했던 사람들의 의지였다.

포드와의 제휴를 생각한 기이치로와 자주 개발을 결심한 에이지. 이 두 사람의 차이는 창업자와 창업자의 의지를 계승한 사람의 입장의 차이일 수도 있다. 기이치로는 퇴진 후 2년간의 공백으로 인해 그 사이 도요타 내의 기술 사정을 알 수 없었던 것이다. 따라서 그는 도요타가 독자적으로 구미 자동차 제조업체에 대항하는 것은 어렵다고 생각하고 포드와의 제휴를 생각했던 것이다. 그러나 에이지는 그동안 포드사에서의 연수를 통해 '포드가 해내는 것을 도요타가 해내지 못할 것이 없다'라는 자신감을 가질 수 있었던 것이다. 실제로 포드 연수에서 돌아온 이후로는 필사적으로 공장의 근대화를 추진했다. 도요타 내에서 소형승용차를 개발할 수 있는 체제를 갖추었고, 만약 창업자가 복귀하면 독자적으로 개발해 보겠다는 의지를 불태우고 있었다.

자주 개발차 1호 '크라운'의 대성공

이시다 사장이 도요타의 자주 개발을 공표한 것은 프로젝트 팀이 발족한 지 1년이 지난 1953년 연두 연설에서였다.

"일본의 자동차업계는 작년에 외국차 진영과 국산차 진영으로 양분됐습니다. 당사는 창업 이래의 방침에 의해 자주기술에 의한 국산차를 개발하는 가시밭길을 택하기로 했습니다. 국산차 개발이 결코 쉬운 일은 아니지만 한 번은 반드시 겪어야 할 시련일 것입니다. 이 시련을 극복해야 우리의 장래도 펼쳐질 것이라고 생각합니다. 따라서 전 종업원은 이러한 도전과제를 깊이 인식하고 서로 화친협력(和親協力)하여 일본의 자동차 공업이 전진할 수 있도록 만전을 기해 주시기 바랍니다."

이시다는 직원들을 고무시키기보다는 비장한 결의를 표명했던 것이라고 할 수 있다.

한편 프로젝트 팀은 자주 개발 승용차의 설계에 관해 6가지의 기본방침을 확정했다. 첫째, 디자인은 미국스타일을 채용하며 밝고 경쾌한 느낌이 나도록 한다. 둘째, 보디 사이즈는 소형차 규격의 한도를 최대한으로 활용하여 빈약하게 보이지 않도록 한다. 셋째, 승차감이 좋으며 운전 성능이 뛰어난 승용차를 만든다. 넷째, 택시용으로도 사용할 수 있도록 가격이 파격적으로 싼 자동차를 만든다. 다섯째, 험난한 길에도 견딜 수 있도록 튼튼한 자동차를 만든다. 여섯째, 최고속도는 시속 100킬로미터로 한다. 이러한 기본방침은 단순히 우수한 승용차의 조건을 나열한 것에 불과할지도 모른다. 그러나 이들 기본방침은 그동안 프로젝트 팀이 추구해 온 방향성을 그대로 표현한 것이었다. 단지 첫째 방침인 미국스타일을 채용하기로 한 것에 대해서는 사내에서도 다소 의견이 엇갈리는 방침이었다.

에이지도 자주 개발을 선택한 이유를 노조와의 단체교섭 때에 이렇게 말했다.

"설령 외국차 메이커와 제휴해야 할 사태가 도래할지도 모르지만 그렇다 하더라도 우리가 기술을 가지고 있으면 유리한 조건으로 제휴할 수가 있습니다. 만약 우리가 자체 개발 기술을 가지고 있지 않으면 전면 항복에 가까운 제휴를 할 수밖에 없을 겁니다."

시작차(試作車) 제1호가 완성된 것은 프로젝트 팀 발족 20개월 후인 1953년 8월이었다. 아직 몸체를 판금(板金)으로 만든 상태였다. 과연 이차가 굴러갈 수 있을까? 설령 굴러간다 하더라도 어떤 문제점이 기다리고 있을지도 불안했다. 그러나 에이지는 이 차를 이제는 고인이 된 기이치로에게 보여 주고 싶은 마음을 금할 길이 없었다. 제2호 시작차가 완성되어 2만 킬로미터 테스트 주행 준비가 완료된 것은 1954년 5월이었다. 당시 일본에는 테스트 코스가 없었다. 경찰서로부터 시험차량 번호를 부여받아 일반도로에서 테스트를 할 수밖에 없었던 것이다. 당시 일본은 간선도로만 벗어나면 도로 포장이 돼 있지 않았다. 이러한 악로(惡路)에도 견딜 수 있는 자동차를 만들어야 한다는 부담이 결과적으로 도요타에게는 강점으로 작용했다. 테스트 주행은 1년가량 계속됐다. 테스트에서 가장 어려운 점은 시속 100킬로미터로 주행하는 것이었다. 일반도로에서 100킬로미터를 달리는 것은 일본에서는 교통위반이었기 때문이다. 재미있게도 경찰들도 도요타의 테스트를 돕기 위해 일

5만 킬로미터의 시운전을 마친 '크라운'.

부러 도요타의 테스트용 차가 달리는 구간의 단속을 피했다는
에피소드가 있다. 이 지역 경찰들의 가족이나 친지가 도요타
에 다니는 경우가 많았으며 또 이 지역 경제의 기둥이었기 때
문에 도요타에 대해 협력하려는 마음은 앞섰다. 교차로를 통
과할 때는 도요타 직원들이 교차로에 미리 가서 다른 차량 운
전자들에게 사정을 설명하고 잠시 차를 멈추게 했다는 에피소
드도 있다. 이것이 입소문으로 퍼져 일부러 테스트 주행을 구
경 나온 사람들도 많았다고 한다.

그러나 도요타는 돌다리도 두들겨 보고 건너는 기업이었다.
크라운이 테스트에 성공했다고 이를 금방 세상에 발표할 기업
이 아니었다. 당시 크라운은 서스펜션을 독립현가방식(獨立懸
架方式, Independent Suspension)으로 채택했다. 그러나 당시 일본
택시업계에서는 독립현가방식 자동차의 내구성에 대해 불안

감을 가지고 있었다. 물론 도요타는 독립현가방식이라도 내구성에 문제가 없도록 여러 가지 조치를 취했다. 그럼에도 불구하고 만약 문제점이 노출되면 크라운은 치명적인 손상을 입을 수밖에 없었다. 따라서 도요타는 리젯트(고정) 서스펜션을 채용한 승용차 '토요펫트 마스터'를 크라운보다 1년 9개월 늦게 개발에 들어갔다. 개발기간이 짧았으므로 크라운용의 트랜스미션, 기어, 클러치, 브레이크 등의 부품을 공용(共用)했다. 외형은 크라운과는 달리 미국차보다는 유럽차의 이미지를 겨냥했다. 그러나 승차감은 좋지 못했기 때문에 크라운은 자가용으로, '토요펫트 마스터'는 택시용으로 구분하여 판매하기로 했다. 도요타의 용의주도함을 읽을 수 있는 대목이다. 1954년 9월에는 크라운의 양산(量産)을 시작했으며 동시에 '토요펫트 마스터'의 시작차도 계속해서 만들었다. 그리고 5만 킬로미터 운전시험도 마쳤다. 별다른 문제점이 발견되지는 않았으나 문제는 양산차가 시작차와 같은 성능을 발휘할 수 있을까 하는 것이었다.

드디어 1955년 1월 1일, 에이지는 크라운을 타고 도요타의 조립공장에 나타났다. 그리고 마스터도 동시에 나타났다. 크라운이 세상에 처음으로 모습을 드러낸 것이다. 크라운의 반응은 예상 이상으로 좋았다. 당시 미국의 자동차 저널리스트는 크라운을 "No new, No old" 즉, 새롭지도 낡지도 않은 차라고 평했다. 도요타의 자체 개발을 의심의 눈초리로 바라보던 여론도 막상 자체 개발차가 그 모습을 드러내자 일본에서

자체 개발 승용차 제1호. '크라운RS형'.

도 "이제 외제차가 필요 없다"라는 목소리까지 나오기 시작했
다. 세상인심이란 이런 것이 아닐까? 개발 사실을 1년 동안 숨
겨 오는 한편 막상 자체 개발을 발표하고 나서는 이시다가 도
요타 전사적인 목표로 내건 전략이 적중했다. 과연 도요타가
외제차에 대항할 수 있는 자동차를 만들 수 있을 것인지 불안
해 하는 사내의 분위기에 감안하여 1년 동안 개발 사실을 감
추어 오다가 어느 정도 개발의 윤곽이 잡히자 이를 알려 불안
을 일시에 잠재우고 전사적으로 개발에 매달리는 전략을 택했
다. 기이치로의 '승용차의 자체 개발'이라는 꿈은 실현됐다.
창립 20년 만에 그 꿈이 실현됐던 것이다. 그러나 이 쾌거는
꿈의 반쪽 실현으로 만족해야만 했다. 자체 개발은 했지만 '세
계에 통용되는' 승용차의 길은 아직 멀었던 것이다.

　월산 수백 대로 출발한 크라운은 예상 이상으로 호조를 보
였다. 초년도인 1955년에는 7,000대 돌파, 1956년에는 1만 대
가까운 판매실적을 보였다. 드디어 도요타는 일본에서 소형차
분야에서 독주를 시작했다. 그리고 창립 20주년인 1957년에

는 연산 30만 대를 바라볼 수 있었다. 공장 증설이 불가피해
졌다. 국유지인 전 도카이(東海) 비행장을 불하받아 고로모(擧
母)에 신공장을 건설했다. 기이치로의 장남 쇼이치로는 이쯤에
서 도요타에 등장했다. 도요타의 장래를 위해 쇼이치로에게
실적을 쌓게 해 주려는 것이었다. 에이지의 제안에 이시다 사
장도 동의했다. 그러나 정작 놀란 것은 쇼이치로 자신이었다.
기이치로가 사망한 1952년 정기 주주총회에서 처음으로 이사
로 발탁된 지 5년밖에 지나지 않은 32세의 나이에 불과했다.
과연 자신이 이러한 대역을 해낼 수 있을지 자신이 없었다.
이시다는 신공장 건설위원장은 쇼이치로에게 맡겼지만 이에
대한 감독은 에이지가 맡도록 했다. '구미의 최첨단 공장을 둘
러보고 10년이 지나도 결코 뒤떨어지지 않는 공장을 만드는
것'이 쇼이치로의 임무였다. 그리고 쇼이치로는 르노, 피아트,
폭스바겐 등 유럽의 공장 배치를 참고하면서 일본식 다품종
소량생산의 조건을 가미한 공장건설 계획을 마무리 지었다. 처
음에는 월산 1만 대 공장을 계획했으나 결국은 월산 5,000대
규모로, 공장이름은 모토마치(元町)로 정했다. 당시로서는 이
것도 엄청난 규모였다. 여기다 장래에는 월산 1만 대 생산이
가능하도록 여유 부지를 확보했다. 이 공장은 몸체, 도장, 조
립의 3가지 공정을 수행할 수 있는 일본 최초의 최신식 승용
차 공장이었다. 1958년 11월에 짓기 시작하여 겨우 8개월만
인 1959년 7월에 완성했다. 초스피드로 완성할 수 있었던 것
은 재료·기계·건설·설비 등을 담당한 관련회사들이 '풍원회

(豊援會)'라는 네트워크를 만들어 자발적으로 서로 연락해 가며 공장 건설을 서둘렀기 때문이다.

재미있는 것은 모토마치 공장 완공을 기념하여 고로모(擧母)시가 시명(市名)을 도요타(豊田)로 바꾼 것이다. 이때 시장은 "도요타자동차의 생산지로서 도시의 성격을 확실하게 하기 위해서이다. 동양 최대의 자동차 생산 도시를 구상하고 있으므로 도요타가 계속해서 이곳에다 공장을 짓고 또 협력회사들이 모여들면 도요타시는 자동차 생산 왕국이 될 것이다"라고 했다. 그리고 도요타 본사 소재지를 "도요타시(豊田市) 도요타쵸(豊田町) 1번지"라고 했다. 결국 도요타시는 시장의 구상대로 지금 자동차 생산 왕국이 됐다. 한국의 지방 도시 이름이 삼성시, 현대시, 엘지시로 바뀌는 격이다. 한국에서는 이것이 가능할까? 한국에서도 민관협력이란 용어는 현란하지만 도요타 시처럼 이렇게까지 실천할 수 있을지는 의문이다. 지금 도요타는 도요타시 세금의 70퍼센트를 납입하고 있으며 협력회사까지 합하면 이 비율은 더욱 올라갈 것이라고 한다.

미국 진출 실패, 그리고 새로운 도전

도요타는 크라운으로 일본 국내에서는 어느 정도 성공을 거두었다. 그렇다면 미국시장에서도 성공할 수 있었을까? 답은 그렇지 않았다. 여기에서 도요타의 새로운 도전이 시작됐다. 크라운을 자체 개발했다고는 하지만 자동차 대국인 미국에서도 통용되는 자동차를 만들기 위해서는 아직도 넘어야 할 산이 첩첩산중이었다.

1950년 도요타가 자공(自工)과 자판(自販)으로 분리된 이후 자판 사장인 가미야 쇼타로(神谷正太郎)는 미국으로의 수출을 호시탐탐 노리고 있었다. 당시 미국의 고속도로에는 대부분 대형차들이 달리고 있었는데 일본의 소형차가 미국의 고속도로를 달리지 못할 이유가 없다는 것이 그의 지론이었다. 실제로 1955년경에는 독일 폭스바겐의 '폭스바겐 비틀(Volkswagen Beetle)'이 고속도로를 달리고 있는 것을 발견하고는 그는 미국에서도 소형차시장이 점점 커질 것이라는 확신을 가지고 있었다. 그리고 수입차의 시장점유율이 커지면 언젠가는 빅3가 수입제한에 압력을 가할 것이 자명하므로 미국이 수입제한 조치를 취하기 전에 도요타도 미국에 교두보를 마련해 놓아야 한다는 것이 그의 주장이었다. 그리고 1957년 이사회에서 크라운을 미국에 수출할 것을 제안했다. 반응은 당연히 반대였다. "크라운을 미국에 판다는 것은 미국과 죽창으로 태평양전쟁을 치르는 것과 같다"라는 반응이었다. '도요타가 힘을 더 키울 때까지 기다리자'라는 의견이 대부분이었다. 그러나 가미야의 생각은 달랐다. "비즈니스는 타이밍이 중요하다. 만약 수입규제가 실시되면 나중에 아무리 좋은 자동차를 만들어도 수출할 수 없다"라고 고집을 굽히지 않았다. 가미야 사장은 '판매의 신'이라고 불리는 일본 최고의 영업맨이라고 할 수 있는 사람이었다. 그의 고집을 꺾을 방도가 없었다. 자공(自工)의 기술자들도 크라운의 미국 수출을 반대했다. "크라운은 국내의 라이벌 차에 지지 않기 위해 만든 차에 불과하며 국제경쟁력은 제로"라고 생각하고 있었다. 또 "크라운은 일본의 도로를 달리는 것을 전제로 만들어진 승용차이며 고속도로를 달릴 수 있도록 설계된 승용차가 아니다"라는 것이었다. 그러나 가미야는 미국에 수십 대라도 수출한 실적이 필요하다며 기술자들을 설득했다. 에이지는 불안감을 감출 수 없었으나 크라운을 미국에서 달리게 하는 것이 기술을 향상시킬 수 있을 것이라는 생각에 찬성하지 않을 수 없었다.

1957년 8월 25일, 2대의 크라운 샘플차가 로스앤젤레스에 도착했다. 일본의 승용차가 최초로 미국 본토에 상륙했다는 사실 자체가 화제가 돼 현지에서는 많은 환영을 받았다. '이 차 정도라면 월 400대는 팔 수 있다'라는 딜러들도 모여들었다. 가미야는 연간 1만 대의 수출은 문제없을 것이라고 생각하기에 이르렀다.

그러나 단꿈은 곧 깨지고 말았다. 다음 날 고속도로를 시속 80마일(약 128킬로미터)로 달리자 갑자기 엔진 소리가 시끄러워지면서 힘이 떨어지기 시작했다. 채 2,000마일(약 3200킬로미터)도 달리기 전에 고장이 나고 말았다. 문제는 마력(馬力) 부족이었다. 크라운은 외관은 '베이비 캐딜락'이라고 불릴 정도의 칭찬을 받았으나, 미국의 고속도로를 달릴 수 있는 자동차가 아니었다. 그러나 가미야의 고집은 수그러들지 않았다. 미국에서의 판매실적을 남기기 위해서 수입판매 회사인 '미국도요타

1957년 최초로 미국에 수출하기 위해 선적하는 크라운.

자동차판매회사'의 설립을 서둘렀다. 다음 해인 1958년에도
판매를 강행했으나 최고속도가 딸리고 엔진이 과열되는 기술
적인 문제로 인해 결국 출하정지를 하지 않을 수 없었다. 도요
타 기술자들은 프라이드에 상처를 받았으며 대미전략은 결국
실패하고 말았다. 그러나 미국 진출에 대한 에이지의 해석은
달랐다. "미국 진출의 타이밍은 결코 나쁘지 않았다. 패인은
크라운을 미국용으로 만들지 않았기 때문이다. 자동차는 국제
적인 상품이다. 이제 미국시장에서도 팔리는 자동차를 만들지
않으면 도요타의 발전은 없다. 이제 나에게 주어진 과제는 미
국시장에서도 통용되는 자동차를 만드는 것이다"라고 했다.
세계적인 자동차 제조업체가 되기 위한 도요타의 새로운 도전
이 시작됐던 것이다.

다음 과제는 '포스트 크라운은 어떤 차로 할 것인가'였다.
당시 일본의 산업계는 일본이 1955년에 WTO(세계무역기구)의

전신인 GATT(관세 및 무역에 관한 일반협정)에 가입한 터라 무역
자유화의 물결을 우려하고 있었다. 따라서 일본의 주요 산업
에 대해 무역자유화 이전에 체질을 강화해야 한다는 목소리가
높았다. 통산성은 일본 국내 기술 강화와 마이카 시대에 대비
하기 위해 360cc 엔진의 국민차 구상을 갖고 있었다. 그러나
에이지는 "국민차 구상에는 흥미가 있지만 판매가격은 1대당
25만 엔 정도이다. 이를 실현하기 위해서는 기술면에서도 문
제가 많다. 그리고 경자동차로서는 시속 100킬로미터를 달리
는 것은 무리다. 이것으로는 수출도 할 수 없다"라는 것이 에
이지의 결론이었다.

'카로라'로 기이치로의 꿈을 실현

　1961년 이시다는 퇴임을 결심했다. 문제는 차기 사장을 누
구로 할 것인가였다. 평소에 "도요타는 도요다의 것이다"라
고 생각해 온 이시다는 차기 사장으로 당연히 에이지를 생각
했을지 모른다. 에이지는 이미 48세로 사장이 되어도 손색이
없는 경영자로 성장했기 때문이다. 그러나 이시다는 에이지가
아니라 미쓰이 은행에서 파견된 수석 부사장인 나카가와 후키
오를 선택했다. 나카가와를 선택하는 배경은 이랬다.

　"에이지는 언제라도 사장이 될 수 있다. 그러나 그가 사장
이 되기 전에 먼저 해야 할 일이 있다."

　그것은 바로 기이치로가 내건 '세계에서 통용되는 승용차'

가 도요타에게는 아직 없다는 뜻이었다. 물론 당시 도요타를 지탱하고 있는 자동차 크라운, 코로나, 퍼브리카와 같은 승용차가 없는 것은 아니었지만 아직 세계에서 통용될 만한 자동차는 아니었다. 만약 에이지가 사장이 되어 경영에 몰두하다 보면 새로운 자동차 개발이 더욱 어려워질 것이라는 것이 그 이유였다. 그리고 자신은 회장으로 일선에서 물러나서 외부 활동에 전념하며 도요타그룹 전체를 총괄하기로 하고 사장으로 나카가와를 취임시켰다.

일본의 1961년은 모터리제이션(motorization)의 전야라고 할 수 있는 해였다. 당시 일본 자동차업계의 관심은 언제 모터리제이션이 본격적으로 도래할 것인가라는 것이었다. 일반적으로 그 나라에 모터리제이션이 도래하는 시기는 1인당 국민소득과 승용차 가격의 비율이 1:1.4일 때라고 한다. 이 시기에 승용차의 수요가 폭발적으로 늘어난다는 경험법칙이 구미의 사례를 통해 알려져 있다. 1962년의 일본의 1인당 국민소득은 22만 엔이었으며, 당시 이케다 수상이 추진한 '소득배증계획'에 따르면 4~5년 후에는 40만 엔을 넘어설 것으로 예상됐다. 1961년경 일본에서 승용차의 조류는 배기량 360cc의 경자동차에서 700~800cc로 이행 중이었다. 그렇다면 일본에도 모터리제이션이 본격적으로 도래하면 1,000cc 자동차가 보편화될 것이라는 예측이 가능해졌다. 결과적으로 보면 일본에서 1966년이 모터리제이션의 원년이었다. 이때 닛산은 1,000cc의 '서니'를 발매했고, 도요타는 1,100cc의 '카로라'를 발매했다. 닛산과

도요타 약진의 바탕이 된 '카로라KE10형'.

도요타는 서로 상대를 의식하여 이들 자동차를 개발한 것은 아니었으나 결과적으로 서니와 카로라가 일본의 모터리제이션을 끌고 나가는 자동차가 됐다.

에이지는 도요타의 사운을 걸고 신차 개발에 나섰다. 회사의 우수한 인재를 신차 개발에 대거 투입했다. 신차 '카로라'의 발매일자도 미리 정했다. 1966년 11월에 대안(大安)이 있는 날로 정했다. 같은 급의 닛산 '서니'의 발매일자는 1966년 4월로 정해져 있었다. 에이지는 카로라를 단순히 '세계에 통용되는 승용차'로만 생각하지 않았다. 카로라로 일본에서 모터리제이션 시대를 선도하겠다는 야망도 있었다. 그 당시 도요타의 모든 차종의 생산대수는 월산 4만 대에 불과했으나 새로이 2만 대를 추가로 생산할 공장도 계획하고 있었다.

그렇다면 도대체 카로라를 어떤 콘셉트의 승용차로 할 것인가가 문제였다. 승용차에 요구되는 요소는 경제성, 운전성능, 승차감, 운전의 편리성, 거주성, 안전성, 호화로움 등등 한이 없다. 따라서 이를 모두 만족시키는 자동차는 이 세상에 없다. 그러나 소비자에게 사랑받는 자동차가 되기 위해서는 이런 요소들의 80퍼센트는 만족시켜야 한다. 그리고 몇몇 요소에 대해서는 80점 이상을 만족시켜야 비로소 소비자로부터 사랑받을 수 있다. 이것이 도요타에서 말하는 '80점주의'이다. 카로라는 이런 목표를 가지고 개발했다.

그리고 닛산의 서니가 1,000cc라는 것이 알려지자 도요타는 시급히 배기량을 1,100cc로 바꾸었다. 이에 대해 기술진에서는 물론 반대했다. 성능에는 별 차이가 없는 데다 설계를 변경하는 리스크가 크다는 것이었다. 그러나 에이지는 "이것은 기술적인 문제가 아니다. 고도의 정치적인 판단의 문제이다. 카로라에 도요타의 장래가 걸려있으므로 1,100cc로 하는 것은 불가피하다"라고 기술진을 설득했다.

카로라는 1966년 11월 5일에 발매됐다. 가격은 스탠더드가 43만 2,000엔, 디럭스가 49만 5,000엔으로 서니보다 수만 엔 비쌌다. 하지만 '100cc의 여유'라고 선전한 것이 소비자에게 성능에 비해 가격이 싸다는 인식을 심어 주었다. 1967년의 판매대수는 16만 대, 그리고 매년 10만 대 이상 늘어났다. 그리고 1983년에 1,000만 대를 돌파했다. 도요타가 세계 최고의 자동차 회사가 된 것은 이 카로라 때문이다. 카로라는 현재 세계 16개 공장에서 생산되고, 144개국에서 판매되고 있으며, 누계 판매 대수는 3,200만 대에 달한다.

도요타가 모터리제이션의 초기에 카로라를 투입하지 않았다면 세계 최고의 꿈은 꿈으로서 끝났을지도 모른다. 이로써 창업자 기이치로의 '일본인의 솜씨로 세계에서 통용되는 소형 자동차 개발'이라는 꿈은 거의 30년 만에 이루어졌던 셈이다.

도요타생산방식과 노사협력의 원류

여기서 도요타 경영방식의 주요한 특징인 도요타생산방식 (TPS)과 종신고용에 대한 역사적인 경위를 살펴보자. 도요타 경영방식을 특징 짓는 이 두 가지 경영방식의 뿌리 깊숙한 곳에는 기이치로가 자리하고 있다.

'Just in Time'이란 발상을 제일 먼저 한 사람 역시 기이치로였다. 1921년 기이치로는 아버지 사키치의 지시로 방적기술을 배우기 위해 런던에 갔다. 그는 맨체스터로 가기 위해 센트 팬크라스 역으로 갔으나 낡은 시간표를 보고 왔기 때문에 열차는 이미 출발한 후였다. 이때 다음과 같은 생각을 했다.

"그렇구나. 열차가 정시에 출발하면 1분이 아니라 1초가 늦어도 열차를 탈 수 없구나. 다음 열차를 타기 위해서는 몇 시

간이나 기다려야 한다. 바로 이것이 말 그대로 Just in Time이
구나. 이것을 공장에 응용할 수는 없을까?"

이후 기이치로의 머리에서 이때의 체험이 떠나지 않았다고
한다.

JIT의 개념이 어느 정도 구체화되기 시작한 것은 1937년
고로모(擧母) 공장 건설 때였다. 그는 JIT의 개념도를 공장 한
구석에다 붙여 놓고 현장 직원 앞에서 설명하기 시작했다.

"여러분들도 기차 시간에 늦어 본 적이 있다고 생각합니다.
마차 같으면 달려가서 탈 수 있으나 증기로 달리는 기차는 1분
이라도 늦으면 탈 수가 없습니다. JIT란 단순히 시간을 맞추
는 것이 아닙니다. 필요한 물건을, 필요한 때에, 필요한 양만
큼이란 뜻입니다."

도요타는 초창기에 주물(鑄物)로부터 나온 반제품은 일단
창고에 넣어 두었다가 이후에 기계로 절삭하는 공정을 진행하
는 것이 일반적이었다. 개개의 부품에 대해서 매일 아침에 몇
개 만들라는 전표가 배포됐다. 이 공정이 끝나면 또 구멍을 뚫
으라고 하는 전표가 배포되는 소위 로트생산방식(lot system)이
었다. 기이치로는 이를 비생산적이라 생각했다. 그리고 그날
생산해야 할 모든 제품의 숫자가 적힌 전표가 매일 아침에 배
포되도록 개선했다. 그날 목표를 빨리 만들면 일찍 집에 돌아
가도 좋다고 했고 또 만들지 못하면 잔업을 하도록 했다. 문제
는 이러한 컨베이어 작업을 사내에 어떻게 정착시키느냐 하는
것이었다. 그는 자신이 고안한 컨베이어 작업을 정착시키기

위해 두툼한 팸플릿을 만들었다. 컨베이어 작업이 정착되면 창고가 필요 없어지고 또 구입한 부품 대금을 지불하기 전에 제품을 판매할 수 있으면 최종적으로는 운전 자금조차 필요 없기 때문이었다.

도요타에는 '3현주의(三現主義)'라는 정신이 있다. 현물(現物), 현장(現場), 현실(現實), 여기다가 현금(現金)을 추가하여 '4현주의'라고 하기도 한다. 현물, 현장, 현실을 중시하는 제품을 만들어야 한다는 의미이다. 얼핏 별 것 아닌 것처럼 보이는 이 '3현주의'는 도요타에 엄청난 변혁을 가져 온 정신이기도 하다. 지금은 세계적인 생산 시스템이 된 TPS, 즉 도요타생산방식도 바로 이 '3현주의'의 한 요소인 현장을 직시한 데서 비롯됐던 것이다. 1951년 어느 날 에이지는 당시 기계 공장장이었던 오노 다이이치(大野耐一)에게 "오노 씨, 기계공장이 마치 창고 같군요. 어떻게 정리할 수 없습니까"라고 말했다. 그러면서 "이전에 기이치로가 매일 필요한 것을, 필요한 때에, 필요한 양만큼 생산하는 방식을 Just in Time이라고 말한 적이 있는데, 오노 씨 기이치로가 돌아오기 전에 JIT를 개발하여 기이치로 사장을 놀라게 해 봅시다"라고 했다. 이것이 TPS 개발 주역 오노 다이이치가 JIT를 개발하는 계기가 됐던 것이다. 이처럼 도요타 내부에서는 일찍부터 JIT에 대한 아이디어가 있었고 이것이 오노 다이이치에 의해 체계화된 것이었다고 여겨진다.

JIT 부활의 임무를 부여받은 오노는 에이지로부터 기이치로가 만든 팸플릿을 받아 읽으면서 라인 개조에 몰두했으나 묘수가 떠오르지 않았다. 기이치로에게 직접 의견을 구하려 했으나 기이치로는 1952년에 서거했기 때문에 그러지도 못했다. 그러던 어느 날 JIT 부활에 도움이 되는 정보를 접했다. 당시 미국에서 보급되기 시작한 슈퍼마켓에 대한 사진을 친구가 보여 줬을 때였다. "이 가게에는 종업원이 없어?"라고 오노가 묻자, 친구는 "미국에는 슈퍼마켓이라는 것이 있는데 거기에는 출구에 여자 점원 한 사람뿐이야. 손님들은 사고 싶은 상품을 유모차 같은 것에 넣어 마지막에 계산대에서 여자 점원한테 계산하면 되는 거야! 이렇게 하면 가게에 점원은 한 사람이면 되니까 인건비가 들지 않으므로 손님한테 싸게 팔 수 있으니 손님에게도 주인에게도 이득이 되지." 이 말을 듣자, 오노는 다음과 같이 생각했다. '손님이 슈퍼마켓에 물건을 사러 가는 행동은 공장의 생산 공정에 비유하면 후(後)공정이다. 손님이 가게에서 필요한 물건을, 필요한 양만큼 사는 것이야말로 기이치로가 생각한 JIT 바로 그것이다. 슈퍼마켓 시스템을 공장에 응용할 수 있을 것 같다'고 생각했다. 그러나 구체적으로 어떻게 적용할 수 있을 것인지는 머리에 떠오르지 않았다.

그러던 중 1954년 봄 "미국 항공기 메이커인 록히드사가 제트기 부품의 조립 공정을 슈퍼마켓방식을 채용한 결과 1년 간 25만 달러의 경비를 절감했다"라는 기사를 봤다. 그리고는 '록히드가 할 수 있다면 도요타가 못할 리 없다'라고 생각하고 본격적으로 슈퍼마켓방식을 자동차 조립에 응용했다. '생산의 흐름이란 말하자면 물건의 이동이라 할 수 있다. 이를 역으로 생각하면 어떨까'라고 생각했다. 종래의 생산 흐름은 전(前)공정에서 후(後)공정으로 물건, 즉 부품을 공급하는 것이었다. 즉, 자동차는 생산·조립라인 위에 흐르는 재료가 가공된 부품이나 복수의 부품이 조합된 유닛 부품을 조립하면서 만들어진다. 이 생산의 흐름을 역으로 보면 어떨까? 후공정이 전공정에 대해 필요한 물건을, 필요한 때에, 필요한 양만큼 가지고 가면 될 것이었다. 그러면 자연스럽게 전공정은 필요한 양만 만들면 된다는 계산이 나왔다. 수많은 공정을 연결하는 수단은 무엇이 얼마만큼 필요한지를 표시하는 전표를 사용하면 되는 것이었다. 이 전표야말로 다름 아닌 간판인 것이다. 이 간판을 각 공정에 흐르게 하면 생산량을 컨트롤 할 수 있을 것이라 생각했다.

오노는 이 생각을 기초로 하여 제조공정의 최후의 조립라인을 출발점으로 하여 생산계획을 작성하여 라인 책임자에게 지시했다. 라인에서 사용하는 부품의 운반방식도 지금까지와 같이 전공정에서 후공정으로 보내는 방식에서 후공정에서 필요한 부품을 필요한 때에 필요한 양만큼 전공정으로 받으러 가는 방식을 연구했다. 간판을 사용한 방식은 시간이 흐름에 따라 조금씩 정착되기 시작했다. 이 방식을 초기에는 오노방식이라 했지만 일본에도 슈퍼마켓이 보급되면서 슈퍼마켓방식이라 불렀다. 1960년대에 들어서는 간판방식이라 불렸으며, 제1차 석유위기 이후에는 드디어 '도요타생산방식', 즉 TPS라고 불렸다.

TPS의 기본적인 사상은 철저하게 낭비를 줄이는 것이다. 이 사상을 지탱하는 것은 JIT와 함께 '사람인변(亻)이 붙은 자동화(自働化)'이다(자동의 한자표기는 원래 '自動'이지만, TPS의 자동은 '自働'이다). 이 세상에 자동화 기계는 많다. 그러나 자동화 기계에 문제가 발생하면 수많은 불량품을 만들어 낸다. 이에 오노는 기계의 고장을 자동적으로 체크하는 시스템을 생각했던 것이다. 그 원형은 역시 사키치가 발명한 G형 자동직기로부터 도입했다. 사키치가 발명한 G형 자동직기는 경사(經絲)가 한 올이라도 끊어지거나 횡사(橫絲)가 없을 때에는 기계 작동이 중지되는 시스템이었다. 따라서 기계에게 상황이 좋은지 나쁜지를 판단하게 한 것이므로 불량품을 만들어 내지 않았다. 이러한 사고방식을 자동차 생산에 도입한 것이 사람인변이 붙은 자동화이다. 도요타에서 사람인변이 붙은 자동화 기계란 자동정지 장치가 붙은 기계를 말한다. 그리고 도요타의 모든 공장에는 자동정지 장치가 붙어 있다. 도요타가 모든 기계에 자동정지 장치를 붙임으로써 관리의 의미가 크게 바뀌었다. 즉, 기계가 정상으로 작동하고 있을 때는 사람이 필요 없으나 이상이 발생하여 기계가 멈췄을 때 비로소 사람이 필요하다. 따라서 한 사람이 몇 대의 기계를 조작할 수 있으며 이것이 공수(工數)를 절감시키며 생산효율을 비약적으로 향상시킨다. 기계가 멈췄을 때 사람이 작업을 대신하면 생산성은 향상되지 않는다. 그러나 왜 기계가 멈췄는지 원인을 추적해 들어가면 개선이 일어나고 생산성은 향상된다. 자동차는 사람의 생명을 싣기 때문에 안전성을 가장 중시해야 하는 제품이다. 따라서 공장의 어느 라인, 어느 기계에 대해서도 정상과 이상의 구분이 명확해야 하고, 재발 방지를 위해 조치를 취해야 한다. 이러한 생각에서 사람인변이 붙은 자동화가 JIT와 함께 TPS를 지탱하는 큰 기둥이 됐던 것이다.

후일 오노는 "도요타생산방식은 사키치가 말한 '불량품을 만드는 것은 일이 아니다'로부터 사람인변이 붙은 자동화를 만들었고, 기이치로의 Just in Time 아이디어로부터 JIT를 만들었던 것이기 때문에 '오노생산방식'이 아니라 '도요타생산방식'"이라고 말했다. 아무튼 21세기에 들어선 지금까지도 아직 이 지구 상에서 TPS를 능가하는 생산 시스템은 없다. 그러나 여기서 중요한 것은 도요타가 강한 것은 TPS 때문이라고 생각하기 쉬우나, TPS는 어디까지나 전술이지 전략이 아니다. 도요타가 진정으로 강한 것은 도산 직전까지 내몰렸을 때에도 좌절하지 않고 역경을 물리치는 전략과 독특한 경영방식에 있다는 것을 상기할 필요가 있다.

합리화와 노사 신뢰는 2인3각

도요타는 '마른 수건도 다시 짠다'로 표현처럼 합리화를 잘하는 기업으로 유명하다. 그러나 합리화란 상호 신뢰를 바탕으로 한 돈독한 노사관계 없이는 불가능한 것이다. 회사가 아무리 합리화 안을 내놓더라도 노동조합의 협력을 얻어 낼 수 없으면 그림의 떡에 불과할 것이다. 도요타에서는 '마른 수건도 다시 짠다'라는 표현을 노동 강화로 보지 않고 노동 합리화로 인식하고 있다는 것이 타 기업과 다른 점이다. 합리화의 목적은 회사와 종업원 쌍방이 서로 아이디어를 내 비용을 극한까지 삭감하여 낭비를 최대한으로 없애는 것이다.

자동차는 약 2만 개의 부품으로 조립된다. 그리고 수많은 작업 공정을 거쳐야 자동차 완성품이 만들어진다. 각 공정마다 생기는 낭비로 인한 손실을 조금씩 없애면 그 분량만큼 전체로서 회사의 이익에 공헌한다는 것이 기본적인 발상이다. 당연히 마른 수건에서 물이 나올 리 없다. 도요타에서는 마른 수건을 짜는 것은 전 종업원들이 아이디어를 낸다는 뜻이다. 따라서 모두가 아이디어를 내면 마른 수건에서도 물, 즉 이익이 난다는 뜻으로 해석하고 있다. 이는 에이지가 포드에 연수를 갔을 때 제안제도를 보고 힌트를 얻었던 것이다. 그런데 전 종업원이 아이디어를 내게 하기 위해서는 노조의 협력이 불가피했다. 이를 직접 체험한 에이지는 노조를 끈질기게 설득하여 노사의 신뢰관계를 구축하는 데 성공했다.

도요타는 1962년 에이지가 중심이 되어 만든 '노사선언'에 합의했다. 합의서의 결론 부분에 "우리는 일본 자동차 산업의 공적(公的) 사명을 자각하고, 목전에 다가오는 자유화의 바람을 유효적절한 대책으로 극복하며, 일본의 산업과 국민경제의 상생 발전에 협력하여 일본의 도요타에서 세계의 도요타로 도약하는 눈부신 영광을 획득하기 위해 회사·조합 모두가 혼신의 힘을 다해 노력할 것을 맹세한다"라고 적혀 있다. 크라운의 성공으로 일본 자동차 산업계에 존재감을 과시한 도요타지만 세계의 도요타로 도약하기 위해서는 노조, 즉 회사와 노동자의 2인3각이 필수였다.

사키치, 기이치로는 무엇보다도 종업원들과의 가족적인 인간관계를 중시했다. 이러한 경영철학을 물론 에이지도 이어받았다. 1950년 도요타에서 노동쟁의가 일어났을 때였다. 노사문제 타결을 위해 노조 측이 법원에 제출한 가처분신청서 서류에 하자가 있음을 어느 임원이 발견하고서는 "회사 측이 이길 수 있다"라고 하자 에이지는 "법적으로야 어떻든 도요타로서는 정리해고를 하지 않는다고 일단 노조 측과 체결한 각서의 정신을 존중하지 않으면 안 된다. 서명이 어떻고 하는 것은 형식적인 문제에 불과하다. 그렇게 하는 것은 종업원을 배신하는 짓이다. 가령 법정에서 이긴다 하더라도 종업원의 회사에 대한 신뢰는 없어지고 화(禍)를 뒤로 미루는 것에 불과하다"라고 했다.

도요타는 노조가 인원삭감을 받아들이는 대신 사장인 기이치로가 퇴진함으로써 노동쟁의가 해결된 경험을 가지고 있다. 노동쟁의가 종결된 후에 도요타에는 노사협의회가 설치됐지만 노사분쟁이 없어진 것은 아니었다. 일본의 노동 운동 역사를 살펴보면 1952년 '피의 메이데이'를 계기로 '파괴활동방지법'이 제정돼 일본공산당 지도자가 지하로 잠적한 사건이 있었다.

참고로 파괴활동방지법이란 폭력주의적 파괴활동을 한 단체에 대한 규제조치와 형벌규정을 정한 법률로 논란 끝에 1952년에 공포됐다. 당시 이 법은 무력투쟁노선을 취하고 있었던 일본공산당을 염두에 두고 제정됐다. 이 법의 시행으로 인해 당시 노동운동에 상당히 관여하고 있었던 일본공산당의 간부들은 이후 지하활동에 주력했다. 이후 일본의 노동 운동은 정치투쟁에서 경제투쟁으로 바뀌었다. 당시 일본 자동차업계에서는 닛산의 노조가 주도권을 잡고 있었다. 노조 지도자가 "회사는 망해도 조합은 남는다"라고 할 정도였으며 도저히 회사가 받아들일 수 없는 터무니없는 요구를 회사에 강요하기도 했다. 여론은 '1년 중 10개월만 일하는 자동차 노조'라고 비웃을 정도였다. 도요타의 노조도 닛산과 보조를 같이해 경제투쟁을 빈번히 일으켰다. 1953년 당시 도요타는 일본경제가 종전 후 안정을 되찾기 시작하자 인플레이션 시대에 책정된 생활비 중심의 급여체계를 직능급체계로 이행하는 것을 검토하고 있었다. 그러나 노조는 급여체계의 변경을 인정하지 않았고 교섭은 결렬됐다. 조립공장의 작업 정지로부터 시작된 노동쟁의는 작업장 폐쇄는 물론 관리직까지도 쟁의에 참여하는 등 점점 확산되는 조짐을 보였다. 그러나 회사 측은 '무노동 무임금' 원칙을 고수하며 작업장을 이탈한 시간만큼의 임금은 지불하지 않았다. 투쟁이 길어지자 조합원들로부터 '투쟁으로부터 얻는 것은 아무것도 없다', '많은 희생자를 낸

1950년 대투쟁의 반복에 불과하다'라는 반성이 일기 시작했다. 결국 55일간에 걸친 투쟁은 종지부를 찍었다. 도요타는 1962년 '노사선언' 직후 회사에다 기념비를 세웠다. 결국 에이지는 10년 이상에 걸친 노력 끝에 노사 간의 신뢰관계를 구축하는 데 성공했던 것이다. 노사분규를 통해 양자가 얻은 결론은 회사와 노조가 서로 불신감을 가지고 대립해서는 절대 회사의 발전을 기대할 수 없다는 것이었다. 노조는 생산성 향상을 위해 노력하고, 회사는 노동조건의 향상으로 이에 부응하는 신뢰관계를 실천하는 것이 중요하다는 교훈을 얻었던 것이다.

도요타의 발전은 모두 노사 간의 신뢰관계 때문에 가능했다고 해도 과언이 아니다. 도요타에 처음으로 간판방식을 도입한 오노 다이이치는 기이치로가 고안한 JIT를 부활시켜 도요타생산방식을 정립했지만, 그 근간에는 노사 간의 신뢰관계 때문에 가능했다고 술회했다.

암묵지 축적도 노사가 화합해야 가능

제조업계에는 암묵지(暗黙知)라는 말을 잘 쓴다. 그 뜻은 '말로 할 수 없는 지혜, 문서화돼 있지 않은 기업 내 조직관행'이다. 도요타에서는 베테랑 기능공이 다음 세대의 기능공에 대해 큰소리로 꾸지람하면서 기능을 전수하는 것이 일반적이다. 이러한 사내의 암묵지가 수없이 축적돼 제품의 경쟁력을

71

높이는 것이다. 지금도 전 세계 기업들이 도요타의 생산 시스템을 벤치마킹하러 대거 몰려온다. 그들은 도요타의 생산 설비나 생산 매뉴얼을 보고 돌아간다. 그리고 귀국 후에는 도요타와 비슷한 생산 시스템 구축을 시도해 보지만 도요타와 똑같은 생산 시스템을 구축하는 데는 실패하고 만다. 생산 현장에서 아무리 매뉴얼이나 IT 기술을 구사하여 도요타를 따라해 보아도 도요타의 생산효율을 따라갈 수 없는 것은 도요타의 암묵지까지는 따라 할 수 없기 때문이다. 도요타가 긴 세월 동안 구축한 도요타만의 암묵지를 다른 기업들은 도저히 이해할 수 없기 때문이다. 최종 검사 라인의 예를 들어 보자. 차체의 표면에 굴곡이 없는지, 또 설계도대로 돼 있는지를 검사할 경우 IT 기술을 활용하는 것만으로는 이를 완벽히 확인할 수가 없다. 그러나 생산 현장의 베테랑 기능공은 자신의 손으로 만져 보고 또 광선의 반사 정도를 보고 판단할 수가 있다. 이러한 기능공의 암묵지는 장기고용으로 장기간 훈련을 받아야 습득할 수 있는 기능이다.

도요타의 종신고용과 관련하여 이런 에피소드가 있다. 1998년 일본에서 경제위기가 한창일 때 미국의 신용평가기관인 무디스는 일본 국채(國債)에 대한 신용등급을 최상위등급인 트리플 에이(Aaa)에서 1등급 하락한 더블 에이 원(Aa1)으로 끌어내렸다. 뿐만 아니라 도요타의 장기 채권에 대한 신용등급도 1단계 끌어내렸다. 기업의 신용등급이 국가의 신용등급보다 더 높을 수 없다는 것이 그 이유였다. 또한 구체적인 이유로 "도요타는 종신고용을 고집하고 있기 때문에 장래에 경영 리스크가 발생할 여지가 있다"는 것을 들었다. 이에 대해 당시 오쿠타 사장은 미국의 무디스 본사에 찾아가 항의했다. 그는 "신용등급이란 부채 상환 능력을 말할진대, 도요타는 내일 당장이라도 채권을 모두 현금으로 갚을 수 있다. 따라서 내일 모두 갚을 수 있으면 트리플 에이는 당연하지 않은가"라고 반문했다. 그러나 오쿠타 사장을 진정으로 화를 나게 만든 것은 신용등급이 하락한 것이 아니라 신용등급을 하락시킨 이유였다고 한다. 도요타의 경영이념은 기이치로와 에이지 때부터 종업원을 존중하면서 고품질의 제품을 싸게 만드는 것이었다. 이를 뒷받침하고 있는 것이 정년까지의 종신고용이라 할 수 있다. 도요타 생산 시스템이란 결국 이러한 종신고용을 전제로 종업원에게 고도의 기술을 익히게 하여 고품질의 자동차를 싸게 만드는 것이다.

오쿠타는 1995년에 사장으로 취임했다. 당시 일본 산업계는 버블 붕괴로 인해 '구조조정 없이는 성장도 없다'라는 분위기가 팽배해 있을 때였다. 그러한 때 오쿠타는 그 분위기에 반하는 발언을 해 주목을 받았다. "사람을 줄이면 이익이 늘어난다는 생각에는 반대다", "인원정리로 주가가 오른다고 좋아하는 경영자는 실격이다", "경영자라는 사람은 종업원의 고용을 지키기 위해 진정으로 노력을 했는가를 반성해야 한다", "경영부진을 초래하여 종업원의 목을 자를 것이 아니라 자신의 배를 잘라라(퇴진하라)"라는 발언은 구조조정이 팽배했던 당

시의 일본 경영계를 떠들썩하게 했다. 참고로 당시에 종신고
용을 고수한 도요타나 캐논은 높은 실적을 유지했으나 글로벌
스탠더드를 도입해 인원정리를 한 기업들의 실적은 이후에도
쉽게 회복되지 않았다.

에이지 시대가 열리다

　도요타의 역대 사장 10명 중 4명이 병으로 사장 자리에서 물러나는 불운을 겪었다. 리사부로, 기이치로에 이어 이시다의 후임인 제4대 사장 나카가와 후키오도 1967년 급성 심근경색으로 사망했다. 사망하는 날 오전에 동경 출장에서 나고야 본사로 돌아와 업무보고를 받았고, 점심때에는 임원회의에 참석했으며, 저녁에는 회식에 참석했는데 그대로 급사하고 말았다. 또 제7대 사장인 타츠로(豊田達郎)도 뇌졸중 때문에 사장 자리에서 물러났다. 도요타의 사장 자리의 일이 얼마나 격무인가를 짐작케 한다.

　나카가와 사망 보름 후에 에이지가 도요타의 제5대 사장으로 취임했다. 에이지는 대학 졸업 후, 당시에는 시골 회사에

도요타자동차를 약진시킨 도요다 에이지.

불과했던 '도요타자동직기'에 입사해서 열심히 일을 했고, 또 수많은 업적을 쌓으면서 사장의 자리에까지 올라갔다. 에이지는 경험이나 능력이나 어느 면에서 보아도 도요타의 사장으로서 손색이 없었다. 에이지의 별명은 '카 가이(car guy)'였으며, 일본인으로서는 혼다 소이치로 다음 두 번째로 미국의 자동차 전당(殿堂)에 들었다. 그만큼 일본의 자동차업계는 물론 세계의 자동차업계에서도 인정하는 인물이다.

여기서 에이지와 기이치로의 관계에 대해 좀 더 살펴보자. 왜냐하면 18살이나 차이가 나는 사촌지간인 두 사람이 세계 최고의 자동차 회사의 기초를 만들어 냈기 때문이다. 에이지는 수재(秀才)가 많은 도요다가의 일족(一族) 중에서도 기이치로와 더불어 수재 중의 수재였다. 백부 사키치를 따라간 상해에서 자동차를 보고는 금방 자동차에 빠져 버렸다. 기이치로와 마찬가지로 동경제국대학 공학부 기계공학과를 졸업했고, 졸업논문에 해당하는 기계 설계도는 자동차용 디젤엔진의 설계도였다고 한다. 에이지는 졸업 후 히타치제작소에 취직이 내정됐으나 기이치로가 삼촌인 헤이키치(豊田平吉: 에이지의 아버지)를 찾아가 "내가 에이지를 키워 내겠다"고 애걸하여 겨우 도요타자동직기로 데려왔다. 그리고 기이치로는 에이지에게 동경 시바우라(芝浦)에 연구소를 만들라며 동경 근무를 명했다. 동경 시바우라의 어느 차고(車庫)에 '자동차 호텔'이라고 이름을 붙인 연구소에 처음에는 에이지 혼자서 교복 차림으로 근무를 했다. 차츰 기이치로는 스카우트한 인재들을 이곳에 모았다. 그리고 자유분방하게 로켓, 헬기, 자동차 부품, 연료 등을 연구했다. 도요타자동차의 전사(前史)기부터 에이지는 열심히 활약하고 있었던 것이다. 이때부터 기이치로와 에이지는 사촌지간이면서도 친형제 이상으로 서로 돈독한 관계를 가졌고 이 관계는 기이치로가 사망한 후에도 이어졌다. 에이지가 제6대 사장으로 기이치로의 장남인 소이치로에게 자연스럽게 바통을 넘겨주는 배경도 바로 여기서부터 시작됐다. 한편 기이치로, 에이지, 소이치로, 다츠로, 즉 4명의 오너경영자가 모두가 자동차 기술에 능했다는 것이 도요타자동차의 눈에 띄는 특징이다.

그러나 매스컴은 에이지의 사장 취임을 "도요다가의 대정봉환(大政奉還)"이라고 썼다. "도요다가의 사람이기 때문에 사장이 된 것이 아니냐"는 기자들의 질문에, 에이지는 "나는 적임자이기 때문에 선택됐다고 생각한다"라고 당당하게 반론했다고 한다. 나카가와 전 사장이 급사했기 때문에 대표권이 있는 부사장인 자신이 승격했다고 담담하게 말했다. 이 당시 이시다 회장은 "나는 에이지를 훌륭한 사장이라고 생각한다. 도요타는 태평양전쟁 이전부터 위기의 연속이었다. 내일 도요타가 당장 망할지도 모르는 어려울 때에 에이지는 수많은 역경을 헤쳐 나왔다. 업계를 리드하는 도요타의 생산설비는 모두 에이지의 결단에 의해 만들어진 것이다. 도요타 공장 곳곳에 있는 임직원들을 그는 모르는 사람이 없다. 그렇기 때문에 그는 적절한 판단을 내릴 수 있을 뿐만 아니라 또 장사꾼으로서도 나보다도 더 훌륭하다"라고 말했다. 지금까지 경영의 실무는 이시다와 나카가와가 맡아 왔지만, 기이치로 사망 후 도요타를 실제로 움직여 온 사람은 에이지였다. 에이지는 단순한 기술자 사장이 아니었다. 그는 입사 때부터 기이치로의 오른 팔로서 자동차 만들기에 혼신의 힘을 다했고, 기이치로가 사장에서 퇴임했을 때는 그를 대신하여 공장을 맡아 운영했고, 이후에는 경영진의 한 사람으로서 중요한 결단을 내려 왔다. 그리고 무엇보다도 크라운과 카로라 개발을 진두지휘하여 지금의 도요타를 있게 한 장본인이기도 했다.

에이지가 사장으로 승격함에 따라 기술 부문은 전무로 승격한 기이치로의 장남 도요타 쇼이치로가 맡기로 했다. 도요타의 기술 부문에 대해서는 기이치로, 에이지에 이어 쇼이치로가 맡았던 것이다. 기술 부문을 오너인 도요다가의 사람들이 이어가고 있는 것도 도요타만의 큰 특징 중 하나이다. 에이지는 아무리 영업력이 좋더라도 "자동차는 기술이 좋지 않으면 팔릴 리가 없다"라는 지론을 가지고 있었고, 이러한 전통은 도요다가의 사람들을 통해 이어지고 있었다. 이것이 도요타의 큰 강점이었다.

이시다와 나카가와 사장 시대에는 경영의 실무는 사장이,

생산과 기술은 에이지가 담당
하는 이중구조였다. 그러나 에
이지가 사장으로 승격하여 전
권을 장악하자 이중구조는 해
소되어 경영의 일관성이 생겼
다. 에이지의 방침에 따라 개발
이 진행됐고 또 설비 투자, 인
사도 에이지에 의해 결정돼 역

도요다 기이치로의 장남 쇼이치로.

동적인 조직 시스템이 만들어졌다. 에이지의 사장 재임기간은
1982년 7월 자공과 자판이 합병할 때까지 15년간 지속됐다.
또 사장, 회장 시대를 포함하여 임원 재임기간은 무려 반세기
에 이른다. 이 정도라면 카리스마가 있는 경영자로 통할 법도
하지만 에이지에게는 전혀 그런 이미지는 없었다. 자신이 생
각한 것을 부하에게 절대로 강요하지 않는 것이 그의 리더십
의 특징이다. 그러나 결과적으로 자신이 의도한 결과대로 유
도해 내는 특이한 능력의 소유자였다.

에이지가 기술의 총수로서 대담한 의사결정을 한 것은 '크
라운'과 '카로라'를 개발하는 것이었다. 크라운의 생산을 위해
승용차 전용의 모토마치(元町) 공장을 건설하여 도요타 발전의
기반을 구축했다. 도산에 내몰린 지 불과 5년 후였다. 또 카로
라로 창업자인 기이치로의 꿈을 실현하는 큰 도박도 성공했
다. 이것이 성공한 것은 종업원은 물론 사장인 이시다가 "나
의 역할은 돈을 벌어서 에이지가 큰일을 할 수 있도록 해 주

는 것이야'라면서 지원했기 때문이다.

이시다 사장은 1971년에는 회장으로부터도 은퇴하여 경영 일선에서 물러났다. 그는 섭정을 하는 것이 아니냐는 기사들의 질문에, "실은 도요타 경영은 내가 사장일 때부터 에이지에게 맡겨 왔다"라면서 자신의 역할은 이제 아무것도 없다며 도요타의 경영에서 물러났다.

자공과 자판을 합병시킨 에이지

도요타는 늘 내부적으로 병이 될 만한 유전자를 단절시키는 노력을 한다는 평가를 받아 왔다. 자공(自工)과 자판(自販)을 합병한 것도 그러한 노력의 결과였다. 1950년 4월 '도요타자동차판매'는 자공과의 관계를 끊어야 한다는 조건 때문에 자공으로부터의 출자도 금지됐다. 8,000만 엔이라는 자본금의 대부분을 당시 판매담당 상무였던 가미야 쇼타로(神谷正太郎)가 모집했고 그는 그대로 자판의 사장이 됐다. 그러나 기이치로와 에이지는 자공과 자판의 분리를 도요타의 '긴급피난조치'로 생각하고 있었다. 에이지는 자공의 경영이 어느 정도 정상 궤도에 올라서자 가미야에게 몇 번이나 자공과 자판의 합병을 제안했다. 그러나 가미야는 기다려 달라는 대답만 할 뿐 실제로는 합병 의사가 없었다. 오히려 자공과 자판은 별개의 회사로 서로 자립해야 한다고 주장했다. 자판의 자립을 주장하면 할수록 양사는 서로 별개의 회사가 돼 가고 있었던 것이

자공과 자판의 합병 조인식.

다. 이로 인해 도요타가 타사에 비해 국제화에 뒤졌다는 평가
도 있었다. 게다가 가미야는 관광 사업이나 석유 사업에 손을
대는 등 주력 사업을 등한시하기 시작했다. 이를 개선하는 것
은 자공과 자판이 합병하는 길밖에 없다고 생각한 에이지는
자판의 주식을 열심히 사 모았다.

그리고 1980년 12월 가미야가 사망하자마자 도요다가의 장
손인 쇼이치로를 자판의 사장으로 보내고 양사의 합병을 본격
적으로 검토했다. 에이지는 쇼이치로로부터 합병은 빠를수록
좋다는 보고를 받고 1982년 7월에 양사는 합병을 했다. 그리
고 에이지는 "1982년 6월 30일을 기해 도요타자동차의 전후
는 끝났습니다. 이제 7월 1일부터는 신생(新生) 도요타의 첫
걸음이 시작됩니다"라며 사장에서 회장으로 물러났다. 그리고
쇼이치로가 사장 자리를 이어받았다. 그러나 미국 전략에 대

해서만은 회장 에이지의 전권(專權) 사항이었다. 그리고 도요
타의 쾌속 진격은 이때부터 시작됐다.

에필로그

지금 도요타는 두 가지 점에서 큰 위기를 맞고 있다. 첫째는 실적이 갑자기 악화되고 있는 것이고, 둘째는 차기 사장을 둘러싼 지배구조의 문제이다. 도요타는 지난 2008년 12월 22일, 2009년 3월 결산에서 1,500억 엔 정도의 적자를 낼 것이라고 발표했다. 도요타가 첫 번째 위기를 맞았던 1950년 이후 59년 만에 적자로 돌아 선다는 뜻이다. 한편 제8대 오쿠다 히로시 사장, 제9대 초 후지오(張富士夫) 사장, 제10대 와타나베 카츠아키(渡邊捷昭) 사장으로 이어진 전문경영인 체제에서 벗어나 기이치로의 손자이며, 쇼이치로의 장남인 아키오가 오너 사장으로 취임할 예정이다. 14년 만의 도요다가의 대정봉환인 셈이다. 그러나 아키오의 사장 취임은 제5대 사장인 에이지가 취임할 때처럼 누구나가 당연하다고 생각하는 대정봉환이라고는 볼 수 없는 상황이다.

지금 도요타는 원유가격 상승, 국제 금융위기, 엔고, 세계적인 불황 등의 타격을 다른 어떤 기업보다도 거세게 받고 있다. 도요타의 미국시장 의존도가 크기 때문이다. 실적 악화는 단기간에 해결될 문제가 아니다. 아무리 도요타의 역사가 위기극복의 역사라 할지라도 지금의 파고를 쉽게 넘어설 것 같지가 않다. 왜냐하면 이는 단순한 불황의 문제가 아니라 자동차 산업에 있어서 패러다임 전환의 문제이기 때문이다. 지금 미국에서는 빅3의 구제방안을 둘러싸고 논의가 계속되고 있지만 빅3 문제의 본질은 단순한 불황과 허술한 경영이 원인이 아니다. 자원과 환경문제로 자동차의 패러다임이 '에코 카'로 바뀌고 있기 때문인데 빅3가 이에 대처하지 못하고 있을 뿐만 아니라 앞으로도 대처할 능력이 없다는 것이 빅3 문제의 본질이다. 그러나 도요타는 빅3와 달리 일찍부터 하이브리드카 '프리우스'를 출시하는 등 이에 열심히 대처해 왔다. 도요타가 가장 먼저 그리고 열심히 '에코 카'에 대응해 왔음에도 불구하고 거대한 자동차 패러다임의 변화에는 속수무책인 듯하다. 도요타는 2009년에는 프리우스와는 별도로 '플러그 인(充電)' 하이브리드카를 출시할 예정이라 한다. 그렇지만 이것만으로는 거센 파고를 넘어서기가 쉽지 않아 보인다.

지금까지 도요타의 역사는 위기극복의 역사라고는 하지만 지난 반세기 동안은 성공의 역사이기도 했다. 도요타는 스스

도요타의 하이브리드카 '프리우스(Prius)'.

로가 위기의식을 고취시켜 역경을 헤쳐 나왔지만 어떻게 보면 지금 도요타 사원들 사이에는 위기의식이 결여돼 있는 것도 사실이다. 또 지금까지 도요타 앞에는 미국의 GM과 포드가 있었지만 이제 도요타 앞에는 아무도 없다. 도요타 스스로가 자동차의 새로운 역사를 써 나가야 할 입장이다. 지금부터 도요타는 해도(海圖)가 없는 항해를 해야 할 판이다. 제8대 오쿠다 사장은 "타도(打倒) 도요타"라는 말을 썼다. "도요타의 업적이 좋아지면 라이벌 기업들이 도요타의 행동을 분석하고 도요타에 도전해 온다. 따라서 도요타 사원들은 라이벌 기업의 사원이라는 생각을 가지고 도요타를 앞서기 위해서는 어떻게 해야 하는지를 항상 머리로 생각하면서 업무를 하라"라는 말을 했다. 또 "도요타의 적은 GM이나 라이벌 기업이 아니라 세계 제일이라는 자만심"이라고 했다. 그리고 오쿠타는 "GM과 포드가 오늘날처럼 된 것도 방만함 때문이다. 도요타 사람들은 길을 걸을 때도 한 가운데로 걷지 말고 길가로 걸어가는 겸손함을 보여라"고도 했다. 지금의 도요타의 고난은 지금까지와는 전혀 다른 성질의 고난이다. 과연 도요타가 "타도 도요타"를 실천할 수 있을지가 큰 과제이다.

그런 도요타에게는 그 어느 때보다도 구심력이 필요한 때이다. 도요타는 구심력과 원심력의 균형을 잘 잡는 기업으로 유명하다. 아직 일본의 주요 미디어들은 아키오 사장 취임 확정이라는 기사를 쓰지 않고 있다. 일부 신문들이 아키오 사장의 취임 가능성을 독점기사(scoop)로 보도하고 있지만 도요타가 공식적으로 발표한 것도 아니다. 나카가와 사장 사망 후 14일만에 사장으로 취임한 에이지 때와는 사정이 한참 다르기 때문이다. 와타나베 사장이 일본을 대표하는 경영자인 경단련 회장으로 나서면 아키오가 신임 도요타 사장으로 취임할 가능성이 상당히 크지만 언뜻 이를 발표하지 않는 것은 대정봉환을 둘러싼 갈등이 없지 않다는 증거일 것이다. 도요타에게는 글로벌 기업으로서의 'TOYOTA'와 창업가로서의 '도요다(豊田)'의 2개의 얼굴이 미묘하게 교차하고 있다. 도요다가 보유하고 있는 2~3퍼센트의 주식만으로 세계적인 기업 도요타를 지배한다는 것은 어떻게 보면 명분이 궁한 것도 사실이다.

도요타는 '자사주의'를 관철시키는 기업경영으로도 유명하다. 1990년대 일본 기업들이 '잃어버린 10년'을 겪으면서 글로벌스탠더드 경영을 도입해야 한다는 주장과 함께 기업경영에는 사외의 비판적인 시점(視點)이 필요하다며 사외이사제를 도입한 기업들이 많았다. 소니가 그랬고 또 경영위기에 내몰렸던 닛산도 그랬다. 그러나 도요타는 사외이사제 도입을 끝까지 거부했다. 이유는 단순했다. 도요타 강령에 있는 도요타의 경영이념을 이해하고 실천할 수 있는 기업인은 도요타 내부의 사람뿐이라고 생각했기 때문이다. 자신의 공정을 완벽하게 처리하기 위해서는 전공정과 후공정을 모두 알고 있어야 한다는 것이며, 이는 생산뿐만이 아니라 사무 부문에서도 통용되는 한다는 것이 도요타의 철학이요, 기업문화이다.

아키오는 1984년에 도요타에 입사했다. 생산관리와 국내영업을 경험한 후에 미국 GM과의 합병회사인 'NUMMI'에서 부사장을 역임했다. 2000년에는 44세의 나이로 이사로 취임하여 정보 사업과 중국 사업 등 도요타가 힘을 쏟은 사업에서 폭넓은 경험을 쌓아 왔다. 자동차를 좋아하는 것은 기이치로나 에이지와 마찬가지이다.

이제 도요타에게는 선택의 여지가 별로 없어 보인다. 아키오를 중심으로 자동차 패러다임의 전환이라는 새로운 파고를 헤쳐 나가야 할 것이다. 생각해 보면 지금 도요타는 다른 기업보다 불리할 것이 없다. 도요타는 에코 카에서 다른 기업보다 훨씬 앞서 있다. 그리고 필요하면 언제든지 투자할 여력도 있다. 그리고 지금은 불황이라 할지라도 언젠가는 경기가 회복될 것이다. 그렇다면 도요타가 다른 기업보다 유리하면 유리했지 불리할 것이 전혀 없다.

그런 관점에서 본다면 도요다가의 '도전 유전자'는 상당한 힘을 발휘할 것이라 보인다. 문제는 경기가 회복되고 새로운 패러다임의 모습이 어느 정도 선명해졌을 때 도요타가 어느 위치에 있을까 하는 것이다. 도요타가 해도 없는 항해를 어떻게 해 나갈지도 궁금하지 않을 수 없다. 앞으로의 도요타의 행보에 관심이 가는 대목이다.

도요타자동차의 역대 사장

초대	豊田 利三郎 (도요다 리사부로)	1937년 8월 ~ 1941년 1월
제2대	豊田 喜一郎 (도요다 기이치로)	1941년 1월 ~ 1950년 6월
제3대	石田 退三 (이시다 타이조)	1950년 7월 ~ 1961년 8월
제4대	中川 不器男 (나카가와 후키오)	1961년 8월 ~ 1967년 10월
제5대	豊田 英二 (도요다 에이지)	1967년 10월 ~ 1982년 7월
제6대	豊田 章一郎 (도요다 쇼이치로)	1982년 7월 ~ 1992년 8월
제7대	豊田 達郎 (도요다 다츠로)	1992년 9월 ~ 1995년 8월
제8대	奧田 碩 (오쿠다 히로시)	1995년 8월 ~ 1999년 6월
제9대	張 富士夫 (초 후지오)	1999년 6월 ~ 2005년 6월
제10대	渡邊 捷昭 (와타나베 카츠아키)	2005년 6월 ~ ?
제11대(?)	豊田 章男 (도요다 아키오)	?

도요다가의 주요 가계도(家系圖)

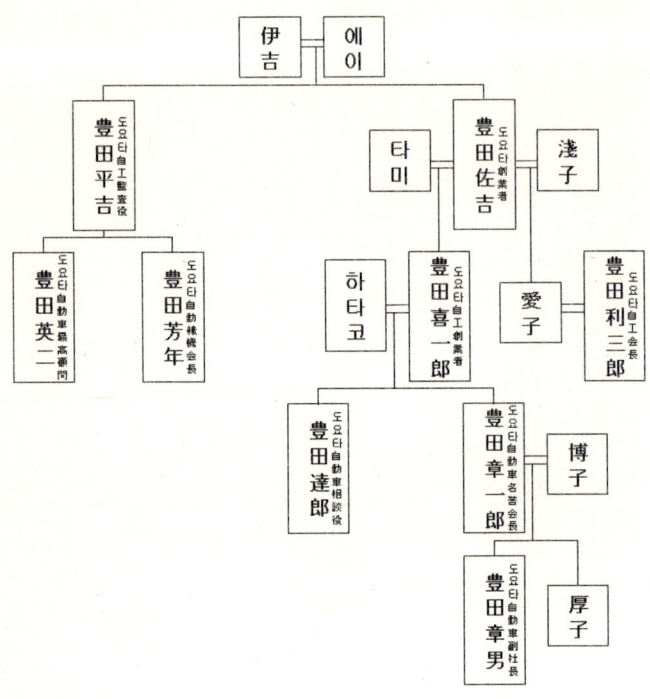

도요타의 주요 그룹사

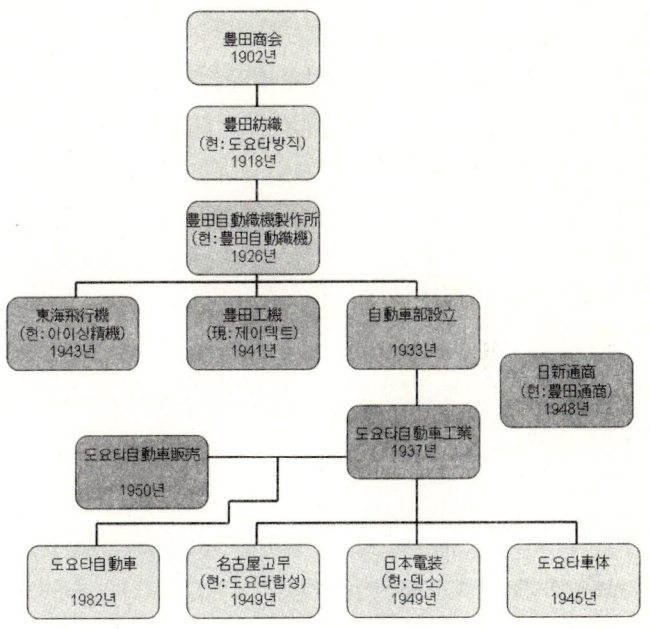

豊田商会
1902년

豊田紡織
(현:도요타방직)
1918년

豊田自動織機製作所
(현:豊田自動織機)
1926년

東海飛行機
(현:아이싱精機)
1943년

豊田工機
(現:제이텍트)
1941년

自動車部設立
1933년

日新通商
(현:豊田通商)
1948년

도요타自動車工業
1937년

도요타自動車販売
1950년

도요타自動車
1982년

名古屋고무
(현:도요타합성)
1949년

日本電裝
(현:덴소)
1949년

도요타車体
1945년

주

1) 일반적으로 '도요타'라고 읽히는 한자 豊田에는 일본에서는 3가지 뜻이 있다. 첫째는 도요나가(家)의 성(姓)이고, 둘째는 도요타자동차의 약칭이고, 셋째는 아이치(愛知)현의 지명이다. 정확하게는 도요다가의 성으로 읽을 때는 '토요다(とよだ)'이고, 지명으로 읽을 때는 '토요타(とよた)'이고 사명(社名)으로 읽을 때는 '도요타(トヨタ)'이다. 사명인 '도요타(トヨタ)'는 창업가인 '도요다(トヨダ)'가의 성에서 딴 것이지만, 창업자인 도요다 기이치로는 'トヨダ'가 완성을 뜻하는 10획이기 때문에 향후 진보의 여지를 남겨두기 위해 8획인 'トヨタ'로 사명을 정했다고 한다. 또 도요타가 가업이 아니라는 것을 알리고, 외국인도 발음하기 좋게 하기 위한 의미도 있다고 한다.

2) 마쓰시타전기는 2008년 10월 1일부터 파나소닉으로 사명을 변경했다.

3) 하마나코(濱名湖)는 시즈오카(靜岡)현 서쪽에 위치해 있는 호수로 남쪽은 바다와 통해 있다.

4) 1정보는 9917.35537제곱미터이다.

5) 닷지라인은 1949년 3월 일본에서 실시된 재정금융긴축정책을 말한다. 연합국사령부(GHQ)의 경제고문인 조셉 닷지가 입안·권고한 정책으로, 일본에서는 이를 닷지라인이라고 부른다.

6) 일본 에도시대의 상가(商家)에 있어서 종업원 중에서 최고의 지위에 있는 자를 말한다.

7) 대정봉환(大政奉還)이란 1867년, 에도(江戶) 시대의 마지막 장군인 도쿠가와 요시노부(德川慶喜)가 메이지(明治)천황에게 통치권을 반환한 정치적 사건을 말한다.

8) 1950년의 일본의 GDP는 약 4조 엔이었다.

참고문헌

김태진·조두섭·전우석 지음, 『일본의 10년 불황을 이겨낸 힘 TOYOTA』, 위즈덤하우스, 2004.

佐藤正明, 'The TOYOTA strategy', 「Nikkei Business」 연재, 2008.3.17～2008.11.17.

佐藤義信, 『トヨタ經營の源流-創業者·喜一郎の人と社業』, 日本經濟新聞社, 1994.

下川浩一·藤本隆宏, 『トヨタシステムの原點』, 文眞堂, 2001.

岡崎宏司等, 『トヨタ自動車の研究-その足跡をたどる-』, グランプリ出版, 2002.

梶原一明, 『トヨタウェイ-進化する最强の經營術』, ビジネス社, 2002.

高木敏行, 『トヨタ最强企業の哲學』, 實業之日本, 2003.

倉義巳·小山田研慈, 『巨大企業トヨタの限界-起死回生策はあるのか?』, 日新報道, 1993.

도요타자동차 홈페이지(www.toyota.co.jp).

「일본경제신문」 2005년 2월 10일자.

도요타 존경받는 국민기업이 되는 길

| 펴낸날 | 초판 1쇄 2009년 1월 30일 |
| | 초판 2쇄 2013년 7월 31일 |

지은이	**이우광**
펴낸이	**심만수**
펴낸곳	**(주)살림출판사**
출판등록	1989년 11월 1일 제9-210호

주소	경기도 파주시 문발동 522-1
전화	031-955-1350 팩스 031-624-1356
기획·편집	031-955-4662
홈페이지	http://www.sallimbooks.com
이메일	book@sallimbooks.com

| ISBN | 978-89-522-1085-2 04080 |

122 모든 것을 고객중심으로 바꿔라 `eBook`

안상헌(국민연금관리공단 CS Leader)

고객중심의 서비스전략을 일상의 모든 부분에 적용해야 한다는 가르침을 주는 책. 나 이외의 모든 사람을 고객으로 보고 서비스가 살아야 우리도 산다는 평범한 진리의 힘을 느끼게 해 준다. 피뢰침의 원칙, 책임공감의 원칙, 감정통제의 원칙, 언어절제의 원칙, 역지사지의 원칙이 사람을 상대하는 5가지 기본 원칙으로 제시된다.

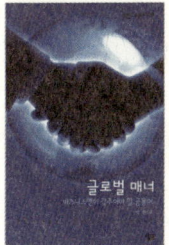

233 글로벌 매너

박한표(대전와인아카데미 원장)

매너는 에티켓과는 다르다. 에티켓이 인간관계를 원활하게 해주는 사회적 불문율로서의 규칙이라면, 매너는 일상생활 속에 에티켓을 적용하는 방식을 말한다. 삶을 잘 사는 방법인 매너의 의미를 설명하고, 글로벌 시대에 우리가 기본적으로 갖추어야 할 국제매너를 구체적으로 소개한 책. 삶의 예술이자 경쟁력인 매너의 핵심 내용을 소개한다.

350 스티브 잡스 `eBook`

김상훈(동아일보 기자)

스티브 잡스는 시기심과 자기과시, 성공에의 욕망으로 똘똘 뭉친 불완전한 사람이었다. 하지만 동시에 강철 같은 의지로 자신의 불완전함을 극복하고 사회에 가치 있는 일을 하고자 노력했던 위대한 정신의 소유자이기도 하다. 이 책은 스티브 잡스의 삶을 통해 불완전한 우리 자신에 내재된 위대한 본성을 찾아내고자 한다.

352 워렌 버핏 `eBook`

이민주(한국투자연구소 버핏연구소 소장)

'오마하의 현인'이라고 불리는 워렌 버핏. 그는 일찌감치 자신의 투자 기준을 마련한 후, 금융 일번지 월스트리트가 아닌 자신의 고향 오마하로 와서 본격적인 투자사업을 시작한다. 그의 성공은 성공하는 투자의 출발점은 결국 자기 자신이라는 점을 보여 준다. 워렌 버핏의 삶을 통해 세계 최고의 부자는 어떻게 만들어지는가를 살펴보자.

145 패션과 명품

eBook

이재진(패션 칼럼니스트)

패션 산업과 명품에 대한 이해를 돕는 책. 샤넬, 크리스챤 디올, 이 브라니, 베르사체, 버버리, 휴고보스 등 브랜드의 탄생 배경과 명품으로 불리는 까닭을 알려 준다. 이 밖에도 이 책은 사람들이 명품을 찾는 심리는 무엇인지, 유명 브랜드들이 어떤 컨셉과 마케팅 전략을 취하는지 등을 살펴본다.

434 치즈 이야기

eBook

박승용(천안연암대 축산계열 교수)

우리 식문화 속에 다채롭게 자리 잡고 있는 치즈를 여러 각도에서 살펴 본 작은 '치즈 사전'이다. 치즈를 고르고 먹는 데 필요한 아기자기한 상식에서부터 나라별 대표 치즈 소개, 치즈에 대한 오해와 진실, 와인에 어울리는 치즈 선별법까지, 치즈를 이해하는 데 필요한 지식과 정보가 골고루 녹아들었다.

435 면 이야기

eBook

김한송(요리사)

면(국수)은 세계 각국으로 퍼져 나가면서 제각기 다른 형태로 조리법이 바뀌고 각 지역 특유의 색깔이 결합하면서 독특한 문화 형태로 발전했다. 칼국수를 사랑한 대통령에서부터 파스타의 기하학까지, 크고 작은 에피소드에 귀 기울이는 동안 독자들은 면의 또 다른 매력을 발견할 수 있을 것이다.

436 막걸리 이야기

eBook

정은숙(기행작가)

우리 땅 곳곳의 유명 막걸리 양조장과 대폿집을 순례하며 그곳의 풍경과 냄새, 무엇보다 막걸리를 만들고 내오는 이들의 정(情)을 담아내기 위해 애쓴 흔적이 역력하다. 효모 연구가의 단단한 손끝에서 만들어지는 막걸리에서부터 대통령이 애호했던 막걸리, 지역 토박이 부부가 휘휘 저어 건네는 순박한 막걸리까지, 또 여기에 막걸리 제조법과 변천사, 대폿집의 역사까지 아우르고 있다.

253 프랑스 미식 기행 eBook

심순철(식품영양학과 강사)

프랑스의 각 지방 음식을 소개하면서 거기에 얽힌 역사적인 사실과 문화적인 배경을 재미있게 소개하고 있다. 누가 읽어도 프랑스 음식문화에 대해 어느 정도 이해할 수 있도록 복잡하지 않게, 이야기하듯 쓰인 것이 장점이다. 프랑스로 미식 여행을 떠나고자 하는 이에게 맛과 멋과 향이 어우러진 프랑스의 역사와 문화를 소개하는 책.

132 색의 유혹 색채심리와 컬러 마케팅 eBook

오수연(한국마케팅연구원 연구원)

색이 인간에게 미치는 영향과 이를 이용한 컬러 마케팅이 어떤 기법으로 발전했는가를 보여 준다. 색은 생리적 또는 심리적 면에서 사람들에게 많은 영향을 미친다. 컬러가 제품을 파는 시대'의 마케팅에서 주로 사용되는 6가지 대표색을 중심으로 컬러의 트렌드를 읽어 색이 가지는 이미지의 변화를 소개한다.

447 브랜드를 알면 자동차가 보인다

김흥식('오토헤럴드」 편집장)

세계의 자동차 브랜드가 그 가치를 지니기까지의 역사, 그리고 이를 위해 땀 흘린 장인들에 관한 이야기. 무명의 자동차 레이서가 세계 최고의 자동차 브랜드를 일궈내고, 어머니를 향한 아들의 효심이 최강의 경쟁력을 자랑하는 자동차 브랜드로 이어지기까지의 짧지 않은 역사가 우리 눈에 익숙한 엠블럼과 함께 명쾌하게 정리됐다.

449 알고 쓰는 화장품 eBook

구희연(3020안티에이징연구소 이사)

화장품을 고르는 당신의 기준은 무엇인가? 우리는 음식을 고르듯 화장품 선택에 꼼꼼한 편인가? 이 책은 화장품 성분을 파악하는 법부터 화장품의 궁합까지 단순한 화장품 선별 가이드로써의 역할이 아니라 궁극적으로 당신의 '아름답고 건강한 피부'를 만들기 위한 지침서다.

eBook 표시가 되어있는 도서는 전자책으로 구매가 가능합니다.

009 성공학의 역사 | 정해윤 eBook

070 진정한 프로는 변화기 즐긴다 | 김학선 eBook

071 외국인 직접투자 | 송의달

082 미국의 거장들 | 김홍국 eBook

121 성공의 길은 내 안에 있다 | 이숙영 eBook

122 모든 것을 고객 중심으로 바꿔라 | 안상헌 eBook

132 색의 유혹 | 오수연 eBook

133 고객을 사로잡는 디자인 혁신 | 신언모

134 양주 이야기 | 김준철 eBook

145 패션과 명품 | 이재진 eBook

169 허브 이야기 | 조태동·송진희

170 프로레슬링 | 성민수 eBook

230 스포츠 마케팅의 세계 | 박찬혁

233 글로벌 매너 | 박한표

234 성공하는 중국 진출 가이드북 | 우수근

253 프랑스 미식 기행 | 심순철

254 음식 이야기 | 윤진아

260 와인, 어떻게 즐길까 | 김준철

307 농구의 탄생 | 손대범 eBook

325 맥주의 세계 | 원융희

348 월트 디즈니 | 김지영

349 빌 게이츠 | 김익현

350 스티브 잡스 | 김상훈

351 잭 웰치 | 하정필

352 워렌 버핏 | 이민주

353 조지 소로스 | 김성진

354 마쓰시타 고노스케 | 권혁기

355 도요타 | 이우광

372 미래를 예측하는 힘 | 최연구 eBook

404 핵심 중국어 간체자 | 김현정 eBook

413 성공을 이끄는 마케팅 법칙 | 추성엽 eBook

414 커피로 알아보는 마케팅 베이직 | 김민주

425 비주얼 머천다이징 & 디스플레이 디자인 | 강희수

426 호감의 법칙 | 김경호

432 중국차 이야기 | 조은아 eBook

433 디저트 이야기 | 안호기 eBook

434 치즈 이야기 | 박승용 eBook

435 면 이야기 | 김한송 eBook

436 막걸리 이야기 | 정은숙 eBook

445 명상이 경쟁력이다 | 김필수 eBook

447 브랜드를 알면 자동차가 보인다 | 김홍식 eBook

449 알고 쓰는 화장품 | 구희연 eBook

㈜살림출판사
www.sallimbooks.com
주소 경기도 파주시 문발동 522-1 | 전화 031-955-1350 | 팩스 031-955-1355